新・日本共産党101問

治安問題研究会著

立花書房

『新・日本共産党101問』の発刊に当たって

『日本共産党101問』は、警備研究会著として、昭和六三年八月に発刊されて以来、二〇年以上が経過した。その間、平成一六年を最後に補訂第四版まで改訂されてきたが、この度、当会が、その内容全般について所要の見直しを行い、『新・日本共産党101問』として発刊することとした。

本書が日本共産党の本質に対する理解の一助になれば幸甚である。

（文中、敬称略）

治安問題研究会

平成二四年一〇月

旧版「はじめに」

日本共産党は、大正一一年七月一五日「コミンテルン日本支部」として創立されて以来、マルクス・レーニン主義に基づいてわが国の共産主義革命を目指す革命勢力である。

共産主義革命は、通常、暴力によって共産党独裁を確立し、この絶対権力を行使して、現在の社会を廃絶してまったく別の社会をつくることであり、人間の意識までも強制的に変革しようとする。

このような共産主義革命が、長期にわたって不可避的に悲惨な犠牲を伴うことは、社会主義諸国の革命の歴史が教えている。

日本共産党は、立党以来今日まで「暴力性」、「独裁制」、「国際性」とよばれる基本的性格、路線を一貫して堅持しているが、こうした同党の性格、路線は、同党が「理論的基礎とする」マルクス・レーニン主義に由来している。

マルクス・レーニン主義とは、一般に、①階級国家観（国家は階級抑圧の暴力装置）、②暴力革命論（革命方式の原則は暴力革命）、③プロレタリア独裁論（共産党の一党独裁）を柱にした革命の理論であるとされている。

すなわち、日本共産党は、昭和二〇年代の後半、「五全協」で決定した「五一年綱領」と軍事方針に基づき、全国各地で暴力的破壊活動を敢行したが、その後、同軍事活動を「極左冒険主義」であったと自己批判して、微笑戦術をとることとし、昭和三九年には「民主連合政府構想」と呼ばれる戦術を決定し、それを利用しながら、同党の本質、基本的性格を隠すための欺瞞宣伝を行うようになり現在に至っている。

そして、日本共産党は、現綱領を昭和三六年の第八回党大会で採択した。綱領には、革命の方式について明記していないが、宮本顕治著の『日本革命の展望』の中で「革命への移行が平和的となるか、非平和的となるかは結局敵の出方による……」とし、『敵の出方』論による暴力革命方式を堅持している。

このように、『衣の下に鎧』を着て現体制を暴力的不法行為により破壊しようとしている日本共産党の真の姿をこの機会に是非学びとり、正しく理解して欲しい。

昭和六三年七月

警備研究会

目次

第一章　序論　なぜ日本共産党の動向に関心を払うのか

第1問　なぜ日本共産党の動向に重大な関心を払うのですか

一　日本共産党は、過去において暴力的破壊活動を行い、現在も、いわゆる「敵の出方」論による暴力革命の方針を堅持しています。これらは、日本共産党の党大会決定や中央委員会決定等によって裏付けられている客観的な事実です。

したがって、警察は、警察法第二条で定められている公共の安全と秩序の維持という責務を果たすため、日本共産党の動向に重大な関心を払う必要があるのです。

二　これについては、昭和五七年四月二〇日の第九六回国会衆議院地方行政委員会における警察庁警備局長（山田英雄政府委員）の答弁が参考になりますので、以下抜粋してみましょう（日本共産党の三谷秀治議員の質問に答えたものです。）。

○山田政府委員　そこで、日本共産党に対して、暴力革命の方針を捨て切っていないということで情報収集の対象にしていると申し上げましたが、…共産党が綱領解釈の歴史的文献として、党員必読の独習指定文献にしております宮本委員長の『日本革命の展望』という本がございますが、その中では、「平和的な手段による革命の可能性の問題をいわば無条件的な必然性として定式化する「平和革命必然論」は、今日の反動勢力の武力装置を過小評価して、反動勢力の出方がこの問題でしめる重要性について原則的な評価を怠っている一種の修正主義的な誤りにおちいるものである」

と摘示しておりますし、それから「革命への移行が平和的となるか、非平和的となるかは最後的には各国の歴史的具体的条件――反民族的反人民的勢力の出方いかんにかかるという二面性を考慮することは、わが国の革命を展望する場合にも必要である」（三谷委員「それはもう結構です」と呼ぶ）

「マルクス・レーニン主義党としては、革命への移行が平和的な手段で」（三谷委員「そんなことを聞いていない。聞いたことに答えなさい」と呼ぶ）いや、いま情報収集の必要性を申し上げているわけでございます。（三谷委員「委員長、委員長、そんなこと、いま時間がないのに、そんなことだらだらやってもらう必要はない」と呼ぶ）「それが平和的となるか非平和的となるかは結局敵の出方によるということは、国際共産主義運動の創造的成果として」（三谷委員「そんなことを私はお尋ねしているわけではない。必要ないことはやめなさい。結構です。結構ですよ」と呼ぶ）「マルクス・レーニン主義の革命論の重要原則の一つとなっている」と述べておりまして、…（三谷委員「委員長、とめてください、そんなもの。何を答えておるんだね」と呼ぶ）われわれとしては、ただいま申し上げた判例の趣旨に従って情報収集活動を行っているわけでございます。

三　日本共産党は、「敵の出方」論に立った暴力革命の方針を堅持していますが、そもそもマルクス・レーニン主義（最近では、日本共産党はこれを「科学的社会主義」と言っています。）を「理論的な基礎」としているのです。そのマルクス・レーニン主義は、暴力主義に立脚していますから、警察は、当然に日本共産党の動向について重大な関心を払っているわけです。

第2問　なぜ日本民主青年同盟の動向に重大な関心を払うのですか

一　日本民主青年同盟（民青）は、平成九年一一月の第二五回全国大会で採択された「日本民主青年同盟の目的と規約」の中で、「民主青年同盟は、日本共産党のみちびきをうけ、科学的社会主義と日本共産党の綱領、一般的民主的な教養を広く学び、次代のすぐれたにない手として成長することをめざします」としています。また、同二三年一一月の第三五回全国大会では、「規約」の改定を行いましたが、新規約第一条（名称、基本的性格）に、「科学的社会主義と日本共産党綱領を学び」、「日本共産党を相談相手に、援助を受けて活動」と明記しています。

このように、民青は、日本共産党の指導の下にあり、また、同党綱領と科学的社会主義（マルクス・レーニン主義）を学び、同党のサポートを受ける組織であることから、同党と民青は非常に緊密な関係にあるといえるのです。

二　一方、日本共産党は、民青をどう見ているのでしょうか。昭和三五年三月に開催された第七回党大会第九回臨時中央委員会総会決議では、次のように、民青の「党の貯水池」としての役割が強調されています。つまり若者を民青に入れて訓練してから共産党員にするとの考えがあります。

○「青年のなかで党が活動すれば、かれらを容易に民青同盟に組織しうるし、さらにかれらを実践のなかで訓練すればりっぱな党員にすることができる。二十歳以下の青年でもただちに党に入りうるが、しかし一般的にいって二十歳以下の青少年は、まず民青同盟に組織すべきである。このようにしてこそ民青同盟は青年大衆の強大な組織としてだけでなく、党の貯水池としての役わりをも果たすのである。この意味において、民青同盟の拡大強化は、党の拡大と不可分の重要な課題として考えなければならない」

日本共産党は、平成二二年一月の第二五回党大会決議の中でも、次のように、民青に対する援助を強調しています。近年、日本共産党の党員は高齢化する傾向にあることから、「若い世代」での組織拡大のためにも民青への援助を重視しているといえます。

○「党は、民青同盟の相談相手として、その実情、要求、努力、苦労によく耳を傾け、親身な援助を改善・強化する。党機関は、青年・学生のなかでの活動の強化を、担当部門、担当者まかせにするのではなく、党と革命運動の未来がかかった問題として、党活動・党建設の中心の一つに位置づけ、総力をあげて探求・挑戦し、うまずたゆまず系統的な努力をはかる。民青同盟の親身な援助とともに、学生の中での活動の戦略的な重要性を自覚し、学生の革新的結集に開拓者の精神でとりくむ」

三　こうしたことから、日本共産党と緊密な関係にある民青に関心を払う必要があるのです。国会においても、昭和五三年八月一一日、警察庁公安第一課長が、「警察としては、警察法の命ずるところによりまして公共の安全あるいは秩序の維持ということで、その責務を果たすために共産党あるいは日本民主青年同盟につきまして重大な関心を払っているわけでございます」と答弁しています。

第3問　労働組合や労働運動にも関心を払っているのですか

一　日本国憲法は、第二八条でいわゆる労働三権（勤労者の「団結権」、「団体交渉権」及び「団体行動権」）を保障し、さらに同条の規定に基づき、一連の労働関係法規が労働者の権利を具体的に保障しています。しかし、憲法は、労働基本権を保障しながら、国民の財産権等その他の諸権利も保障し、労働基本権とこれらの権利との調和を期待しています。この憲法の趣旨に基づいて、労働組合法では、暴力の行使等、労働組合の正当な行為と解されない違法なものについては、刑事上、民事上の責任を負わなければならないと規定しています。すなわち、正当な目的の下になされた労働運動であっても、暴力や威力を行使するなど刑罰法令に触れる違法な行為については、正当性の限界を超えるものとして、刑事責任が問われることとなります。

二　言うまでもなく、正当な労働運動に対しては、これに介入しないというのが警察の基本的立場です。しかし、労働運動であっても、正当性の限界を逸脱して違法行為が行われ、又は行われるおそれがある場合には、法の定めるところに従って捜査等所要の措置を執ることは、治安維持を任務とする警察の当然の責務です。

三　これとは別個の問題として、日本共産党が労働組合に浸透したり労働運動に介入したりする動向には留意する必要があると考えられます。現在の党規約では、「日本共産党は、日本の労働者階級の党であると同時に、日本国民の党」（第二条）と、「労働者階級の党」の立場が優先されています。また、現在の党綱領は、昭和三六年の採択の後、五回目に改定されたものですが、三六年当時の綱領では明確に、「労働者階級の権力、すなわちプロレタリアート独裁の確立」すなわち「社会主義の建設」を通じなければ、「日本人民の真の自由と幸福」は実現されないとしているのです。このように日本共産党は、労働者階級を重視していることから、労働組合等に浸透、介入しているのです。

四　過去の党大会決定を見ても、「全党が、未組織労働者を労働組合に組織し、労働組合を階級的につよめ、労働組合の多数が党の政策を支持」（昭和三九年一一月、第九回党大会）、「先進的な労働者をひろく党に迎えいれ」、「経営での党建設を前進させる」（同五七年七月、第一六回党大会）、「職場に不抜の強大な党を建設する任務と、労働組合を強める任務は不可分のもの」（平成一八年一月、第二四回党大会）などとしています。つまり、共産党が労働組合を組織し、そこで共産党員や党機関紙読者を拡大するとともに、各職場にも影響力を及ぼすことを目指していることは明らかなのです。

五　平成一四年三月発行の第二版『日本の労働組合　歴史と組織』（厚生労働省労使関係担当参事官室編著）によれば、全労連（全国労働組合総連合）について、「中立・支持政党なしとしているが、全労連の各種集会に共産党国会議員が参列したり、集会で共産党議員への連帯を明らかにするなど、創設以来、日本共産党と協力・共同関係にある」（三一五頁）とされています。全労連は、元年一一月に結成され、二三年六月末現在の「労働組合基礎調査報告」（厚生労働省大臣官房統計情報部）等によれば、全労連加盟の組織・人員は、二〇の産業別労働組合、四七地方組織約八六万五〇〇人とされています。

第4問　日本共産党に関する情報収集の根拠は警察法ですか、それとも破壊活動防止法ですか

一　警備情報活動は、原則として、任意手段により行われます。したがって、個々の法律の根拠は要しませんが、警察法第二条の責務の範囲内で行われなければならないことは言うまでもありません。裁判例では、「一般情報収集活動も任意手段によって行われる限り、特別の根拠規定をまつことなく警察法二条一項に基づいてこれを実施することが許される」（大阪高裁昭和五一年九月二〇日判決）などとされています。破壊活動防止法ではありません。

二　警備警察が対象とする事案は、一般に組織性・計画性が強く、波及性も大きいというのが特徴といえます。したがって、一度事案が発生すると、公共の安全と秩序に重大な危害を及ぼすばかりか、発生後、いかに鎮圧、検挙に努めたとしても、秩序の回復が容易でない場合が多いのです。このため、公共の安全と秩序の維持をその責務とする警察としては、このような事案の発生を予防することに最善の努力を払わなければなりません。そして、万一事案が発生した場合においても、その危害を最小限にとどめるため、早期に適切な措置を講ずるとともに適切な捜査活動を行わなければなりません。しかし、警備犯罪は、組織的・計画的に行われる場合が多く、事後の捜査活動は容易でないことから、これら事案発生の予防活動、発生時の迅速的確な措置及び発生後の適切な捜査活動に資するため、的確な警備情報活動は欠くことができません。

このように、警備情報活動は、警察法第二条に定める警察の責務の遂行という目的のために必要な範囲で、社会的にみて相当かつ妥当な手段、方法によるものでなければなりません。同条第二項で「その責務の遂行に当つては、不偏不党且つ公平中正を旨とし、いやしくも日本国憲法の保障する個人の権利及び自由の干渉にわたる等その権限を濫用することがあつてはならない」と規定しているとおりです。

三　一方、破壊活動防止法は、「団体の活動として暴力主義的破壊活動を行つた団体に対する必要な規制措置を定める」（第一条）ものです。同法では、「当該団体が継続又は反覆して将来さらに団体の活動として暴力主義的破壊活動を行う明らかなおそれがあると認めるに足りる十分な理由があるとき」（第五条）、「団体活動の制限」や「解散の指定」といった処分ができるとされ、このための必要な調査を公安調査官は行うことができるとされています。

なお、第二九条では、公安調査庁と警察とは、情報又は資料の交換をしなければならない旨定められています。

四　公安調査庁の木藤繁夫長官（当時）は、平成一一年一二月二日の第四六回国会参議院法務委員会で、日本共産党を「調査対象団体」と答弁しています。また、その理由についての答弁は次のとおりです。

○「日本共産党は、昭和二六年から二八年ころにかけまして、全国各地で暴力主義的破壊活動を行った疑いのある団体でございまして、将来暴力主義的破壊活動を行う危険性が現時点で完全に除去されているとは認めがたいことから、引き続き調査を行う必要があると考えているものでございます」

第5問 「警備公安警察は特高警察の流れを受け継いだもの」というのは本当ですか

一 日本共産党は、戦前の特別高等警察（特高）について、〝日本共産党を主な標的にしつつ、一切の民主的な思想や運動の破壊に奔走した。そのやり方は、暴力と謀略に満ちたもので、日本共産党員等を逮捕すると残虐な拷問を行い、スパイになることを強要した。屈しない者は、しばしば拷問で虐殺した〟と述べています。

そして、平成の時代になってもなお、「警備公安警察は特高警察の流れを受け継いだもの」と繰り返し主張していますが、事実はどうなのでしょうか。特高について、『詳説日本史』（山川出版社）から引用してみましょう。

二 明治四三年、天皇暗殺を計画して爆弾を製造した社会主義運動家が検挙されたのをきっかけに、全国で数百名の社会主義者・無政府主義者が検挙されました。この翌年である同四四年に、警視庁内に特別高等課（特高）と呼ばれる「思想警察」が置かれました。そして、大正一四年には、「国体」（天皇制）の変革や私有財産制度の否認を目的とする結社の組織者と参加者を処罰することを定めた治安維持法が成立しました。昭和三年には、同法が改正され、最高刑を死刑又は無期懲役とし、道府県の警察にも特別高等課が設置されましたが、同二〇年一〇月、連合国軍最高司令官総司令部（ＧＨＱ）の指令により、治安維持法や特別高等警察は廃止されました。以上が特高に関する歴史です。

三　その後、昭和二二年末、国家地方警察と共に自治体警察を創設することを定めた警察法が公布され、翌年施行されました（旧警察法）。同法は、八回の改正を経て、同二九年に現行の警察法となり、施行されています。このような流れをみれば、戦後の憲法下の現行警察制度は、法律的にも制度的にも戦前とは全く異なる別個のものであることは明らかです。そして、警察も、現行の法体系の中での違法行為を取り締まっているのであり、「思想」を取り締まることなどできるはずもなく、警備警察が特高警察の流れを受け継いだなどと到底いえるものではありません。

にもかかわらず、戦前の特高と戦後の警備警察を同一視するというのは、日本共産党の警察に対する見方が、「階級国家観」等から構成されているマルクス・レーニン主義に基づき、強固なまでに徹底されていることの証左ともいえましょう。

四　このような特異な〝警察観〟を基に、日本共産党は、〝警察のキャリアといわれる高級官僚が、警察の任務を国民の安全と人権の擁護に奉仕することよりも、政府や国の政治体制に批判的な勢力を監視し、支配体制の安定に奉仕することが警察の第一の仕事であるとゆがめ、それを専門に担当する警備公安警察に偏重した組織、人事、財政の運営が行われている〟、〝そのため、警察組織の中で警備公安部門が大きな力を持っている〟（平成一〇年二月二三日付け『しんぶん赤旗』）などと繰り返し批判し、「警備公安警察の廃止」を訴え続けているのです。

第6問　極左暴力集団は、「日本共産党から分派した」というのは本当ですか

一　日本共産党は、〝中核や革マル、日本赤軍等は、いずれも日本共産党とは全く無縁の暴力集団である。かつて党を除名された一握りの暴力学生がこういう集団に加わったことはあったが、これを「日本共産党から分派した」などと描くのは事実に反する〟などとしています（平成一八年六月一四日付け『しんぶん赤旗』）。

二　しかしながら、昭和四二年に日本共産党が発行した『日本共産党の四十五年』では、「スターリン批判やハンガリー問題、およびこれらを利用した反共攻撃のつよまるなかで、学生党員の一部に、マルクス・レーニン主義を否定してトロツキズムにはしり、党に敵対し、民主運動の分裂をたくらむ「左翼」日和見主義の傾向もうまれました」（八一頁）と、スターリンの対立者であったトロツキーを信奉する学生党員が極左暴力集団を形成していったことを明らかにしています。

また、同五七年に発行した『日本共産党の六十年』でも、〝学生党員の一部では、反共攻撃に屈服して、科学的社会主義の原則を全面的に否定してトロツキズムにはしるものも生まれた。昭和三三年六月一日に開かれた全学連大会代議員グループ会議で、トロツキズムの影響を受けたK（全学連委員長）、Mらが中央委員全員の罷免を要求し、党本部勤務員に暴行をはたらくなど、反党的挑発活動を行うという事態が生まれた。党は、Kらの行為を党規約違反としてK、Mら三人を除名、一三人を党員権制

限の処分に付した。以後、Kらは全学連指導部を反革命挑発の組織に変え、党に敵対した〟（一五二頁）としています。すなわち、日本共産党の指導下にあった全学連（全日本学生自治会総連合）の中から、トロツキー主義を主張して日本共産党の路線と対立し除名された者等が生まれたとされています。

こうした経緯を経て、元日本共産党員により、同三二年に革命的共産主義者同盟（革マル派、中核派等）が、同三三年に共産主義者同盟（赤軍派等）等が形成されていったのです。〝無縁の暴力集団〟や〝日本共産党の分派でない〟というには無理があります。

三　当時の『アカハタ』を見れば、このことが更に明確になるので、紹介しておきましょう。

○〝日本共産党中央委員会幹部会は、学生運動に巣くう極左日和見主義反党分派について中央統制監査委員会が行ったSほか七名に対する除名の処分決定を慎重に審議した結果、これを確認しその処分を執行することを決定した。…右八名は、全学連関係党員及び社学同幹部関係党員を中核とする党内分派の結成と拡大に指導的役割を果たし、…分派組織をつくる過程において、国際的反共産党反革命組織・トロツキストの第四インターナショナルに同調した〟（昭和三三年一二月二九日付け）

○〝党中央は、…党組織内に巣くった反党分子を摘発し、除名又は党員権制限の処分を行った。…当時既に、その一部は、第四インターのトロツキストと通じていた。…彼らは、急速に党内に反党分派を形成し、「革命的共産主義者同盟」、「共産主義者同盟」として、それぞれ全学連の指導権争奪で対立抗争を続けながら、トロツキスト集団と化して、計画的に反党的反人民的分派活動を行うに至った〟（昭和三四年一二月一九日付け）

第二章　総論　共産主義とは何か

第7問　日本共産党等の共産主義政党をなぜ「左翼」と呼ぶのですか

一　「左翼」、「右翼」の語源は、フランスの議会における席次に由来しています。一七八九年のフランス大革命後の国民公会（一七九二～九五年）において、議長席から見て、左側に急進過激派のジャコバン党が座り、真ん中に中間派、右側に穏健保守派のジロンド党が座りました。以後、急進過激な者、転じてマルクス・レーニン主義を奉ずる社会主義者、共産主義者を左翼と呼ぶようになり、これに対して保守派を右翼と呼ぶようになりました。

「ジャコバン党」は、フランス革命時代に、パリのジャコバン修道院内に本部を置き、指導者のロベスピエールを中心に、一七九三年、独裁体制をとり急進的な改革を推し進め、恐怖政治を行いましたが、市民の間で独裁への不満が高まり、一七九四年、テルミドールのクーデターで打倒されます。一方、「ジロンド党」は、フランス革命時代の党派で、指導者のうち三人がジロンド県出身であったことに由来し、大商人の利害を代表する穏健な共和主義で、一時は多数を占めますが、一七九三年、ジャコバン党によって、国民公会を追放されました。

二　このように、語源からは、左翼すなわち急進過激派、右翼すなわち穏健保守派ということになりますが、今日では、それだけでは到底説明できません。その後、時代とともに解釈が変化したからです。

特に右翼については、端的な定義付けが困難なのですが、一応「右翼」とは、国家主義（国家を至上最高のものとし、個人の全生活は国家に依存し、国によって統制される。個人は国家の存続、発展のために奉仕すべきであって、あらゆる個人的欲望や部分的利益は、国家の下位に置かれるとする考え方）的ないしは民族主義（民族を基礎とした国家を至上のものとし、政治上、経済上、そのような民族的国家を建設することを目的に、文化の上でも民族文化の価値を尊重する考え方）的な思想・信条に基づき、社会の不合理、不公正、不公平と思われる点を改革、是正しようとする運動の主体であるといえます。

三　「新左翼」は、ニューレフトとも言われ、イギリスに生まれ、ヨーロッパやアメリカに伝わった主に知識人層の急進的な左翼運動をいいますが、日本では、極左暴力集団等、いわゆる反日本共産党の諸潮流の総称です。主な組織は、いわゆる反日本共産党系全学連、全共闘反戦青年委員会、旧べ平連等で、安保条約の七〇年改定を背景に台頭しました。これらの組織は、既成左翼の無気力を非難し、遅れた大衆の意識を覚醒させるためには過激な行動をとって自ら起爆剤になることが必要だとする「先駆性理論」に基づいて、火炎瓶闘争、内ゲバ、爆弾闘争等の強い闘争性を打ち出しました。また、取締りの中で、次第に潜在化傾向を強めていきました。ちなみに、「新右翼」は、戦後の右翼運動にみられる「反共重視、体制擁護、親米」の運動を誤りとして、右翼運動の原点である「反体制、国家革新」の運動に立ち返ることを主張し、目的のためには爆弾テロ等の過激な暴力（武装闘争）をも辞さないとする勢力をいいます。

第8問　共産主義革命により、どれだけの犠牲が出るのですか

一　共産主義社会が、本当にすばらしい社会ならば、何も暴力によらずに政権を取ることができるはずです。ところが、一九一七年（大正六年）のロシア革命以来、中国、東ドイツ、ポーランド、ハンガリー、チェコスロバキア、ルーマニア、ブルガリア、ユーゴスラビア、アルバニア、モンゴル、北朝鮮、キューバ、アンゴラ、ベトナム、アフガニスタン、カンボジア、ラオス等で共産主義革命が行われましたが、これらの革命では、例外なく、内戦による流血により多数の国民が戦死したほか、「反革命分子」というレッテルを貼られて多くの国民が虐殺されたのです。そして、国土は荒廃し、長期にわたって多数の餓死者を出しました。

惨状はそれのみにとどまりませんでした。革命達成後も、実権を握った独裁者は、「プロレタリアート独裁」の名の下に、虐殺を繰り返したのです。一旦権力を握ってしまえば、プロレタリアート（労働者階級）であろうが共産党員であろうが、邪魔者とみれば、「階級敵」とみなし、虐殺したことは歴史の証明するところです。

二　ロシア革命及びその革命から社会主義国建設の過程において、いかに大きな犠牲が払われたか、その一端を見てみましょう。

(1)　ロシア革命後における経済革命や文化革命等の過程で、一、〇〇〇万人から一、五〇〇万人もの

ソビエトの民衆とその最も積極的で有能で誠実な代表者たちが、「反革命分子」のレッテルを貼られて、拷問、機関銃での大量銃殺、シベリアにおける強制労働現場での餓死・凍死等で生命を落とした（ノーベル平和賞を受賞したロシアの核物理学者アンドレイ・サハロフ『進歩・平和共存・知的自由に関する考察』）。

(2)　一九一七年（大正六年）から一九二〇年（同九年）までの革命戦争で、一、四〇〇万人に及ぶ人々が戦死・病死・餓死した（アメリカに亡命したスターリンの娘スベトラーナ『回想記』）。

(3)　一九一七年（大正六年）のロシア革命から一九五九年（昭和三四年）までの犠牲者は、六、六〇〇万人に上っている（ノーベル文学賞を受賞したロシアの文学者ソルジェニツィン『収容所群島』）。

三　中国においても、また然りです。一九二七年（昭和二年）の第一次内戦から文化大革命までに政治粛清や強制労働等の犠牲となった中国人は、三、四三〇万人から六、二五三万人に達すると報告されています（米国上院法制委員会の一九七一年『中国共産党下における人的犠牲』と題する報告）。

ロシアの例を見ても、マルクス・レーニン主義に基づく共産主義革命は、内戦によって共産党独裁体制を敷き、絶対的な独裁権力を使って国民を圧殺し、悲惨な犠牲を払いましたが、七〇余年を経て、ついに崩壊してしまう結果となっています。

第9問 「共産主義」とは、どのような思想をいうのですか

一 「共産主義」とは、その字義からいいますと、私有財産制度をやめて共有財産制度を打ち立てようとする主義であり、具体的には生産手段を社会の全構成員の共同所有とし、私有財産を否定、社会の富（生産物）の平等な消費に基づく無搾取、無階級の状態を理想として、そのような社会の樹立を目指す思想と運動をいいます。そして、このような運動（＝革命）の結果として成立する社会体制を「共産主義社会」といいます。この共産主義社会においては、「各人は能力に応じて働き、必要に応じて生産物を受け取る」ことができ、人間は解放され、真の自由・平等が生まれるとしています。

しかし、現在では、共産主義とは「マルクス・レーニン主義」そのもの、すなわち暴力革命とプロレタリアート（労働者階級）の独裁によって、まず社会主義社会を実現し、それから共産主義社会に到達しようとする主義を意味します。

二 この「共産主義」という語句が使われ始めたのは、一八世紀の末頃からで、一八四二年、ロレンツ・シュタインの『現代フランスにおける社会主義と共産主義』という本が出版されてから、広く一般に使用されるようになったと言われています。一方、「社会主義」という語句も同じような意味で、「共産主義」より以前から一般的に使用されており、私有財産制度を廃止し、これと対立する共有財産制度を確立することによって、一つの新しい社会組織を打ち立てようとする思想で、当時の西

欧社会では、「社会主義」、「共産主義」という言葉の両者に、明確な区別がなかったのです。その後、前述のシュタインのように「社会主義」と「共産主義」を明確に区別しようとする学者が出てきて、「生産手段の私有を廃止して労働の平等、搾取の禁止によって個人の平等、発展を図ろうとする」ものを社会主義とし、「生産手段の公有のみに止まらず私有財産をも廃止することによって完全な平等を達成しようとする」ものを共産主義としました。

三　共産主義がマルクス主義の代名詞となったのは、マルクスが主張した思想が、当時の一般用語によれば社会主義でも共産主義でもよかったものの、当時はどちらかというと社会主義という語句がはるかに多く用いられていたので、マルクスとエンゲルスが、プロレタリアが革命の主体であるとする自分達の主張を、他の社会主義思想と区別するため共産主義と名付けたことによります。

その最初の大々的宣伝として世に送り出したのが『共産党宣言』であり、先鋭な社会主義労働者の国際的組織である「共産主義者同盟」のため、マルクス、エンゲルスが起草したものです。

その後、レーニン率いる「ロシア社会民主労働党」ボルシェヴィキ派がロシア革命に成功したことから、自分達こそがマルクス主義の正統派であると主張し、「ロシア社会民主労働党」から「ロシア共産党」に改称し、これに倣って、マルクス主義による暴力革命を説く各国の政党も、マルクス主義を共産主義と称し、政党名も共産党に改めました。

第10問　共産主義思想は、どのようにして生まれたのですか

一　共産主義の語源は、「共同」、「共有」等を意味するラテン語のCommunisです（平成一六年四月二一日付け『しんぶん赤旗』）。一八三〇年代以降、産業革命の進行とともに表面化し始めた近代資本主義の諸悪の根源は私有財産制にあるとして、私有財産を廃止し、生産手段及び生産物を共同所有にしようとする思想・運動の呼び名として生まれましたが、財産の共有による理想社会の構想は、古くからありました。古代ギリシアのプラトンの理想国家を始め、トマス・モアのユートピア思想、サン・シモン、フーリエらがあこがれ実現しようとした社会も、一種の共産主義でした。ところが、マルクスの協力者であったエンゲルスによれば、トマス・モア、サン・シモン、フーリエらが唱えた共産主義又は社会主義は、頭の中で考えられた理想であって、単なるユートピアであるにとどまるといいます。

二　一八世紀にイギリス、フランスを中心として存在した社会主義（今日の共産主義を含んだ広義の社会主義をいう。）思想は、決して一朝一夕に起こったものではなく、様々な原因と事情によって生じたものなのです。これを歴史的にたどってみると、まず、中世後期（一四、五世紀）のヨーロッパにおける封建制度の崩壊は、貴族、騎士のはびこった階級身分制度の廃止をもたらし、庶民の地位を著しく向上させました。一方、一三世紀から一六世紀にかけてのルネッサンス（文芸復興）は、封建階級と手を握り人民を非人間的な宗教戒律によって拘束していたキリスト教から、人間性を解放し

て人間の尊厳を認識させました。これらの影響を受けて、ドイツのヴィッテンベルグ大学神学教授マルティン・ルター（一四八三～一五四六年）等による一六世紀の宗教改革が、過去十数世紀にわたって支配してきたローマ教会の思想独占を破って、信仰を人間性に基づく自由なものにしたのです。

このような経過をたどって、次第に人々の心の中に呼び覚まされた人間性の解放と新しい社会の形成を望む気持ちが、一六、七世紀のトマス・モア（一四七八～一五三五年）、フランシス・ベーコン（一五六一～一六二六年）、トーマス・カンパネラ（一五六八～一六三九年）らの社会思想となって現れてきました。そして、既にこれらの思想の中には、私有財産制度を否定し、平等理想の社会を描く初期の共産主義思想が芽生えていたのです。

三　このような思想の傾向は、一七、八世紀の専制君主時代の弊害に反対し、人民の自由を確保しようとする自由主義の思想となって盛り上がり、民主主義運動となりました。

他方、産業革命（一七五〇～一八五〇年頃）の進展により、新たに生じたブルジョアジー（資本家階級）とプロレタリアート（労働者階級）は、それまでの身分制度の外に階級対立の観念を激化させました。特に、中世的な法規に縛られていた当時の労働者の悲惨な状態は、サン・シモン（一七六〇～一八二五年）、フーリエ（一七七二～一八三七年）、ルイ・ブラン（一八一一～八二年）、ロバート・オーウェン（一七七一～一八五八年）等、イギリス、フランスを中心とした多数の思想家を生むに至り、共産制度を目標とした各種の社会主義思想を発展させたのです。

第11問　共産主義とは、マルクス・レーニン主義のことだといいますが、なぜですか

一　マルクスは、マルクス以前の社会主義・共産主義思想が、あまりにも現実からかけ離れた、頭の中で考えられた理想社会の未来図を描いたものに過ぎないと批判しました。そして、これらの空想的社会主義や小ブルジョア的社会改良主義、無政府主義等に対する批判を通じて、マルクスとエンゲルスが近代共産主義思想を確立したのです。彼らは、自分たちの理論を「科学的社会主義」と称して、ほかの社会主義者の理論を「空想的社会主義」と批判しました。

二　マルクス（一八一八～八三年）が生まれた当時の祖国プロシア（ドイツ）は、イギリス、フランス等の民主主義先進国より著しく遅れた状態にありました。専制君主制度の下にあり、人民の自由はなく、しかも、この専制国家がヘーゲル（一七七〇～一八三一年）の国家哲学により正当化され、合理的なものとして擁護されていたのです。マルクスはこれを攻撃して、まずドイツの革命を実行しようとしました。このため、友人である経済学者フリードリッヒ・エンゲルス（一八二〇～九五年）と協力して、当時のフランスの社会主義思想に独自の見解を加えた社会主義（マルクス主義）を提唱したのです。「一つの妖怪がヨーロッパを歩きまわっている――共産主義という妖怪が」で始まる『共産党宣言』（一八四八年二月、ロンドンで出版）は、その思想を代表するものです。そして、それまでしばしば同じ意味で混用されていた「共産主義」と「社会主義」を区別（一八九〇年のドイツ語版

序文）し、現実の目標としての社会主義社会と、究極の理想である共産主義社会について説いたのです。

三　マルクスの死後、マルクス主義の研究が各国で行われるようになり、特にドイツにおいて盛んになされました。この者達は、マルクス主義のことを「社会民主主義」と呼んでいたのです。このような状態は、第一次世界大戦前まで続いたのですが、一九一七年のロシア革命以後は、レーニン（一八七〇～一九二四年）等によって「共産主義」と称されるようになったのです。

当時、ロシアのマルクス主義の政党も、各国のそれと同じように「ロシア社会民主労働党」と称していたのですが、その中に二つの派があって、ロシア革命を成功させたのは、暴力革命を主張したレーニンの率いるボルシェヴィキ（多数派の意）でした。レーニン等は革命をなし遂げると、同じマルクス主義でも、議会主義によって政権を握ろうとするメンシェヴィキ（少数派の意）と違って、自分達こそマルクス主義の正統派であると主張し、この主張をはっきりさせるために一九一八年（大正七年）、「ロシア社会民主労働党」を「ロシア共産党」と改称したのです。

世界で唯一の社会主義国家が、このような言葉の使い方をしたので、他の国においても、暴力主義を主張するマルクス主義者達はこれにならい、「共産党」、「共産主義」と称するようになったのです。

こうした歴史的な筋道をたどって、現在では、共産主義というのは、マルクス・レーニン主義、すなわち暴力革命とプロレタリアートの独裁によって社会主義社会を実現し、共産社会に到達しようとする主義を指すようになったのです。

第12問　そもそもマルクスとは、どのような人物だったのですか（その一）

一　近代社会主義運動の主流をなすマルクス主義の創始者であり、国際労働運動、革命運動の指導者であったカール・マルクス（一八一八〜八三年）は、五月五日にドイツのライン地方トリールで生まれました。父は裕福な弁護士で、改宗したユダヤ人でした。

ボン、ベルリン両大学で歴史と哲学を学び、学者を志望して、ドイツの思想界に君臨していたヘーゲル（一七七〇〜一八三一年）の哲学に没頭したのです。ところが、一八四〇年当時のプロシア国家は、形だけの立憲君主制であり、人民の自由は極端に狭められていました。

例えば、大学教授は、貴族階級で占められており、ユダヤ人であるマルクスには、教授になれる道はなかったのです。このためマルクスは、プロシア国家に批判的になっていき、次第に革命的傾向を強めたのです。

当時のプロシア国家は、ヘーゲルの国家哲学により正当化され、合理的なものとして擁護されていました。そこで、プロシア国家に強い不満をもつマルクスにとっては、皮肉にもそれまで心酔し、研究に没頭してきたヘーゲルの哲学を打破しなければならなくなったのです。このような端緒により、その後マルクスの哲学理論が形成され、更に経済理論、政治理論と発展させて現在のマルクス主義が誕生しました。

二　一八四一年にベルリン大学を卒業したマルクス（二二歳）は、翌一八四二年、急進的な『ライン新聞』の編集者となって、本格的に共産主義や経済問題の勉強に取り組みました。しかし、その急進的な無神論がプロシア政府の目に触れ、翌年には辞職に追い込まれました。この年の六月にマルクスは、姉の親友であり、四歳年上のイェニーと結婚、一〇月にフランスのパリに移り、それまでの成果である『ヘーゲル法哲学批判』（一八四四年）等を発表してプロレタリアート解放の革命的立場を明らかにしました。

革命家としてパリで生活したマルクスは、一八四五年に追放されてブリュッセルに移り、『聖家族』等をエンゲルスと共同執筆して弁証法的唯物論と史的唯物論の土台をつくり、以後生涯にわたる両人の協力関係が続いたのです。『哲学の貧困』（一八四七年）で小ブルジョア社会主義者を批判し、さらに、共産主義者同盟の依頼で『共産党宣言』（一八四八年）を発表し、ドイツ革命を実行しようとしました。

三　ドイツの三月革命に参加し失敗したマルクスは、一八四九年にロンドンに亡命し、以後ここに永住しました。時にマルクスは三一歳でした。ロンドンでのマルクス一家の生活は、マンチェスターで父の経営する織物工場に勤務するエンゲルスの送金によってかろうじて支えられていましたが、生活は窮乏そのものであったと言われています。以後、経済学の研究に力をそそぎ『経済学批判』（一八五九年）、『資本論』等を執筆しました。また、第一インターナショナル（国際労働者協会、一八六四～七六年）を創設し、国際労働運動の組織と指導に当たりましたが、結局失敗に終わりました。

第13問　そもそもマルクスとは、どのような人物だったのですか（その二）

マルクスは、歴史的に偉大な指導者として言い伝えられてきましたが、実際の人物像はどうだったのでしょうか。イギリスの歴史家であるポール・ジョンソンが執筆した『インテレクチュアルズ』から、いくつか引用してみましょう。

一　マルクスとエンゲルスは、ごまかしの共犯者で、うそつきという点ではマルクスの方がずっと大胆でした。

マルクスは、第一インターナショナル（国際労働者協会）の「創立宣言」で、イギリスの労働者階級を無気力な状態から奮起させるために、生活水準が低下しつつあることを証明しようとして、W・E・グラッドストーンの一八六三年の予算案演説文を故意に歪曲して引用しました。原文は「この富と権力のまれに見る増大が、もし裕福な階級に限られるというのであれば、憂慮せざるを得ない。しかし、イギリス労働者の平均的状態は、喜ばしくも過去二〇年間に、これまでのどの時代においても、またどの国の歴史においても例を見ないほど著しく改善された」となっているのを、「この富と権力のまれに見る増大はすべて、富裕階級に限られる」としたのです。

このほかにも、ケンブリッジの学者が「『資本論』第一五章におけるカール・マルクスの青書の使用に関して」という論文を発表し、「引用のくいちがいは、単なる不正確のためだとはいえず、歪曲であることがはっきりした」としています。マルクスの青書（政府発行の報告書）の引用について、導き出そうとする結論に不利になりそうな語句を削除したり、つなぎ合わせて違うものにするなど、「ほとんど犯罪的な無謀さで権威ある文献を使用している」、「マルクスの著作の他の部分も疑いの目で見ざるを得ない」としているのです。

二　マルクスは、労働の現場を知らず、労働者出身の革命家を軽蔑していました。

マルクスは、生涯を事実の収集に費やし、一〇〇冊を超えるノートに収めましたが、それらは図書館で調べた青書に盛られた事実でした。世の中や、そこで生活している人々を自分の目と耳で調査することによって得られる事実には関心を持たなかったようで、製粉所や工場、鉱山、その他の産業の現場に入ったことはありませんでした。さらに、マルクスは、労働の現場の経験を持った仲間の革命家に冷淡で、時計職人、印刷工、靴職人といった熟練工を軽蔑し、ただの雑兵と見下し、好んで付き合ったのは自分と同じ中産階級出身の知識人でした。第一インターナショナルを結成した時も、労働者階級出身の社会主義者を、影響力のある地位から排除しています。

その他、この『インテレクチュアルズ』では、マルクス自身の性格や生活状況等についての記述もあり、こうした一つ一つの事例で描かれたマルクスこそ、これまであまり知られていなかったマルクスの本当の「素顔」なのかもしれません。

第14問　現在の共産主義思想の中心となっているマルクス・レーニン主義とは、どのようなものなのですか

一　マルクス・レーニン主義とは、マルクスとエンゲルスが確立し、その後レーニンによって付け加えられた共産主義の革命理論の総称をいいます。それは、

○　哲学理論――唯物弁証法、唯物史観（史的唯物論）
○　経済理論――労働価値論、剰余価値論、資本主義崩壊論、帝国主義論
○　政治理論――階級国家観、暴力革命論、プロレタリアート独裁論

の三つの体系から成り立っているとされています。

二　まず、マルクスとエンゲルスによって確立されたマルクス主義とは、いかなるものなのでしょうか。マルクス・エンゲルス『共産党宣言』によると、「今日まであらゆる社会の歴史は、階級闘争の歴史である」としています。マルクス主義では、「階級」を、生産手段を持っている者を「資本家」（ブルジョア）、持っていない者を「労働者」（プロレタリア）と規定し、一方が他方を「搾取する」関係であるとしています。

そして、資本主義から共産主義への移行は、資本主義社会で大きく対立しているこの二つの階級、すなわちブルジョア階級とプロレタリア階級とが闘争し、プロレタリア階級がブルジョア階級の支配

を倒し、プロレタリアート独裁の支配権力を打ち立てることによって実現されると極言しています。また、支配階級であるブルジョア階級は、プロレタリア階級を抑圧するための道具として「国家」の制度や機構を利用しており、「国家」とは元々プロレタリア階級を押さえつけておくための暴力装置であると決めつけているのです。

三　以上がマルクス主義と呼ばれる理論の概要ですが、それでは、マルクス・レーニン主義は、このマルクス主義をどのように発展させたのでしょうか。マルクスは革命理論は説いていますが、いかにして革命を成功させるかについては深く触れていないのです。マルクスは、暴力革命による共産主義社会への移行を示唆しながらも、資本主義はその自ら持つ矛盾により、必然的に崩壊するとも述べています。このため、同じマルクス主義でも、議会に多数の議員を送ることによって合法的に社会主義革命を達成することができるという「社会民主主義理論」等も発生しました。

レーニンは、「暴力革命」の理論と、もう一つは「プロレタリアート独裁」の理論を発展させたのです。共産主義革命は、議会主義のような生温い手段によっては永久に達成できず、武装蜂起による内戦によるしかない。そして、革命が達成した後も、他の資本主義国からの干渉と闘い、また国内においても、これまでの経済制度を廃止して人々の財産を没収する経済革命や人々の意識を変革する文化革命を強行するためには、プロレタリア階級による独裁的な権力がどうしても必要であると主張し、現にロシア革命を実行したのです。

第15問　マルクス主義の哲学理論の源流となった哲学について分かりやすく説明してください

一　哲学とは、我々が生きていく上で、この世の中及び人生の根本問題を理論的に究めようとする学問です。すなわち、「われわれは何のために生きているのか」、「真の幸福とは何か」、「この世に神はあるのか」、「死後の世界は果たしてどんなものか」といったような、我々が常日頃からふと考え、疑問に思い、また悩んだこと、これが哲学の対象なのです。

二　ところで、哲学には、根本的に相容れない対立した考え方があり、こうした対立する大きな流れが二組あるとされます。

一つは〝世界の本源は何か〟に関する対立の流れで、ソクラテス（紀元前四六九頃〜紀元前三九九年）が唱え、カント（一七二四〜一八〇四年）、ヘーゲル（一七七〇〜一八三一年）に受け継がれた「観念論」（唯心論）と、ソフィスト（紀元前五世紀後半の詭弁哲学者の総称）が唱え、フォイエルバッハ（一八〇四〜七二年）が受け継ぎマルクスが採った立場である「唯物論」との対立です（日本共産党中央委員会出版局『共産主義読本』二四頁）。

○　観念論――精神が根源的なものであり、物質的なもの（自然と社会）は全て精神によって生み出されたものだとする考え方

○　唯物論――物質が根源的なものであり、精神、意識、観念等と呼ばれるものは全て、高度に発

達した物質、つまり脳髄の働きであるとする考え方

三　二つ目は、〝世界はどのように存在しているか〟をめぐり、アリストテレス（紀元前三八四〜紀元前三二二年）の唱えた「形而上学」と、ヘーゲルが唱え、マルクスが採った立場である「弁証法」との対立の流れです（前掲、四〇頁）。

○　形而上学――世界における様々の事物は、できあがったものとして与えられていて、違った性質のものに変化することはないとする考え方

○　弁証法――世界におけるいろいろな事物や現象は、互いに複雑に結び付きあい、関係しあっていて、それだけが孤立しているような事物や現象は一つもない。また、全体としての世界も、その中の個々の事物や現象も、絶えず変化し、発展していて、永久に変化しないものは一つもないとする考え方

四　マルクスは、現実社会での憤懣からヘーゲル哲学をどうにか打破しようと試み、それまで研究してきた観念論の立場を採るヘーゲルの「弁証法」から、観念論のみを切り離し、それに影響を受けたフォイエルバッハの「唯物論」とを結び付け、「唯物弁証法」なる理論を唱えたのです。これがマルクス主義の根本となる哲学理論です。

第16問　マルクス・レーニン主義の哲学理論の一つである「唯物弁証法」について説明してください

一　唯物弁証法とは、マルクス主義の基礎とされている哲学的立場をいいます。マルクスは、古来の素朴な、あるいは近代の機械論的な唯物論に対し、ヘーゲルから批判的に受け継いだ弁証法を軸に経済的社会関係を舞台として唯物史観を打ち出しました。その考え方がエンゲルスによって認識論や存在論の全領域に拡張され、更にレーニンやスターリンによって整備され、権威付けられたのがこの立場です。

二　さて、自然と人間の社会、あるいは世界の本質についての認識論である哲学には、古代ギリシャの時代から相対立する二大学説があり今日に至っています。一つは、観念論と呼ばれる哲学で、ソクラテスらが唱え、ヘーゲル（観念的弁証法）、カントなどが採る哲学です。もう一つは、唯物論と呼ばれるもので、ギリシャのソフィスト（詭弁学派）が唱えたものです。

三　観念論哲学とは、一言でいいますと、神が世界をつくり、神を中心に人間社会・自然があるとするものです。例えば、ヘーゲルは、「われわれが眼で見ることのできる現実の世界は、絶えず変化し、流転し、生滅する現象の世界であるが、このように絶えず変化、流転、生滅する自然世界の奥底には、この現象の世界を流転させ、変化させ、生滅させるところのもの（精神）がなければならぬ、それは、超自然的なものであり、それ自身は変化、流転、生滅のない永遠のものでなければならない」

として、「超自然的なもの」の存在を認めます（「神」の存在を認める）。つまり、「超自然的なもの」により「現実の世界」が動かされ、発展させられるとする考え方が観念論の立場です。

これに対して、唯物論は、人間の社会や自然は全て物質である、人間の認識も物質の作用にほかならないとするものです。この考え方では、「現実の世界は物質の世界であって、物質以上の眼で見えないものが存在するように考えるのは間違いであり、『神』とか『仏』とかいうのは、人間の頭で考え出した幻にすぎない」とされます。すなわち、唯物論では、初めに物質があり、その後にその反映としての精神が生まれるわけです。したがって、この立場では宗教を認めず無神論となります。

四　唯物論には、機械的唯物論と弁証法的唯物論があり、両者は次の二点で異なっています。一つは、物質の存在についてで、あらゆる物質は無関係に存在するとする前者に対し、後者は、あらゆる物質はお互いに関連しあい、影響しあう形で存在するとしています。もう一つは、物質は静止した形で存在するとする前者に対し、後者は、あらゆる物質は常に運動し、絶えず変化して存在する、と説明します。世界の本質は永遠の過去から永遠の未来に変化してきている、とするマルクス主義哲学は、この弁証法的唯物論に立っています。

第17問　唯物弁証法の基本原則の一つである「対立物の統一と闘争の法則」について説明してください

一　「対立物の統一と闘争の法則」は、唯物弁証法の中心的な概念、理論とされます。これは、レーニンが、「簡単に言えば、弁証法は、対立物の統一にかんする学説と定義することができる」（『哲学ノート』岩波文庫、第一分冊、二二一頁）と述べていることからも分かると思います。

二　世界を構成するあらゆる物質は、その内部に相互に対立しあい、排斥しあうような性質、傾向をもったいくつかの物質が集合して形づくられている。すなわち、相反するものが一つのものとして集まってある物質を形づくっている。そして、対立し、排除しあう物質の間では絶えず闘争があるというのが、唯物弁証法の基本原則の一つである「対立物の統一と闘争の法則」です。

三　マルクスは、『聖家族』の中で、対立物の統一、闘争に関して次のように述べています。

○「プロレタリアートと富とは対立である。それらは、このようなものとして、一つの全体を形成している。それらは私有財産の世界の二つの形態である」、「この二つが対立関係のうちで占める一定の位置が問題である。それらを一つの全体の二つの側面であると言うだけではたりない」、「私有財産は、私有財産として、富として、自分自身を、そしてそれとともに自己の対立者であるプロレタリアートを維持するように強制されている。それは対立関係の肯定的側面であり、自分に満足している私有財産である。これに反して、プロレタリアートはプロレタリアート（無産者階級）として、自分自身を、そしてそれとともに、自己の条件となっている対立者、自己をプロレタリアートとするところの対立者である私有財産を否定するように強制されている。それは対立関係の否定的側面であり、それ自身のうちでの動揺であり、すでに解体されておりまた自己を解体しつつある私有財産である。…したがって、対立関係のなかで有産者は保守的党派であり、無産者は革命的党派である。前者からは、対立関係を維持しようとする行動が生れ、後者からはその消滅のための行動が生れる」（松村一人『弁証法とはどういうものか』岩波新書、四九、五〇頁）

四　では、この「対立物の統一」と「闘争」とはどのような関係にあるのでしょうか。レーニンは、「対立物の統一（合致、同一、均衡）は条件的・一時的・経過的・相対的である。たがいに排除しあう対立物の闘争は、発展、運動が絶対的であるように、絶対的である」（「弁証法の問題について」『共産主義事典』東京法令出版、五頁）と述べています。すなわち、統一の側面は一時的なものであり、闘争の側面は、永遠的であるというのです。つまり、唯物弁証法の立場では、全ての物質は、その中に内蔵している矛盾（内部矛盾～闘争）が原動力となって変化し続けることから、闘争の側面もまた永遠的、絶対的なわけです。この点が、マルクスのいう唯物弁証法の中心を成すものであるとともに、ヘーゲル弁証法とは異なるところです。

第18問　唯物弁証法の基本原則の一つである「量から質への変化の法則」について説明してください

一　「量から質への変化の法則」は、唯物弁証法の基本原則のうちの第二のものです。第17問で説明した法則も、本問で説明する法則も、「自然の歴史ならびに人間社会の歴史」（エンゲルス『共産主義事典』東京法令出版、二頁）から「抽出」されたものであるというのです。

二　唯物弁証法の立場では、物質について次のようにみます。すなわち、物質は絶えず量的変化を重ねながら動いていき、ある段階に達したとき質的変化を行う。そして、その時点で質的に変化した物質は、その物質そのものを変えてしまうというのです。このように、量的変化・質的変化の過程を経て物質は絶えず変化しており、このような物質の質的変化を飛躍と呼びます。

水を例にとると、それを火にかけて変化の過程を見た場合、ある程度までは量的変化を重ねます。しかし、水の温度が一〇〇度に達したとき、水は質的変化を起こし気体となります。

三　つまり、この法則は、全ての事物の変化について、まず量的に変化を起こすが、それが一定の段階に達したとき、量的変化の漸次性が中断されて、質的変化が起こるということを示している、言い換えれば、質的変化が行われるためには、その準備段階として、量的変化の蓄積が必要であるとするのです（日本共産党中央委員会出版局『共産主義読本』五一頁）。

そして、日本共産党は、この法則を革命に当てはめ、革命の実現に向け、革命を準備する量的変化、すなわち革命勢力の力の蓄積が必要で、この量的変化の過程がなければならない、と主張しています（前掲、五一頁）。つまり、革命という質的変化に到達するためには、社会内部の対立物、支配階級と被支配階級との闘争が激化して、この激化の表現であるような量的変化が一定の段階に達し、対立物の相互移行を引き起こすことが必要であるというのです。

四　また、この発展法則を無視して、大衆の中で日常工作を行い、大衆を革命に向かって組織し、革命勢力を蓄積することの意義を過小評価して、量的変化の過程を軽視し、量の蓄積が十分でないときにいきなり質的変化、つまり「革命」を求めるならば、さまざまな左翼日和見主義や極左冒険主義が生み出されるとして、トロツキストを批判しています（前掲、五一頁）。

さらに、独占資本の政治的支配のもとでも部分的改良を積み重ねていけば革命がなし崩しに社会主義に到達できると主張する修正主義者や右翼社会民主主義者を、質的変化を見誤った運動観に立っていると批判するとともに、彼らの主張を質的変化、すなわち革命を否定しているだけではなく、量的変化をも否定していることになるとしています（前掲、五二頁）。

第19問　唯物弁証法の基本原則の一つである「否定の否定の法則」について説明してください

一　否定の否定という概念は、ヘーゲルに始まり、唯物弁証法においても説かれています。この法則は、弁証法の三大法則の一つとされ、しかもこの法則の内容は、ヘーゲルの概念弁証法の進行形式である肯定・否定・否定の否定を現実の歴史的進行の形式として捉えようとするものです。

二　まず初めに、「肯定」という意味ですが、資本主義を例に挙げれば、それが作られた当時は統一の側面が大きく機能していますので安定性を保っています。これを「肯定」といいます。

次に、「否定」ですが、資本主義はやがてその内包する矛盾で革命の発生をみて社会主義社会へ移行します。これを「否定」といいます。しかし、革命により誕生した社会主義社会もその内包する矛盾からその内部で階級闘争が起こり、変化が起きます。これを「否定の否定」といいます。つまり、物質はどこまでも無限に変化していかざるを得ない、ということを唯物弁証法の第三の法則である「否定の否定の法則」は説明しています。

三　マルクスは、『資本論』の中で、「資本主義の発展が生産手段を勤労者からうばっていくこと、しかし資本主義はそのうちに生産手段の社会的所有の物質的前提及び資本主義の墓掘り人をつくりだすことによって、勤労者の生産手段の所有が社会的所有という形で回復されることを、資本主義の科学的分析そのものによって説明し」、「この新しい内容にもとづく古いものの回復を否定の否定」と呼びました（松村一人『弁証法とはどういうものか』岩波新書、一九七頁）。

また、レーニンは、「否定の否定」について、「より低い段階の一定の特徴、性質、等々がより高い段階で繰り返されること、および古いものへの外見上の復帰（否定の否定）」（レーニン『哲学ノート』岩波文庫、第一分冊、一九八頁）であると述べています。レーニンの意図は、「発展は、古い形態の否定であり新しい形態の出現であるが、しかしかならずしも古い諸段階の特徴や性質が反復されないということはない。あるばあいには、これが著しい程度におこなわれて、内容は新しいのに外見上古いものに復帰したように見えることもある」（前掲、一九八、一九九頁）ということです。

四　この法則で何よりも大切なことは、〝物質は内部矛盾が影響し、絶えず変化する〟ことであると主張しています。つまり唯物弁証法では、お互いに否定しあうものはどちらかが相手を完全に否定する（和解なき矛盾）が、次の段階では、一方を倒した否定に対し更に新しい否定が生まれ、そこでまた闘争が行われ相手を倒す、そして更に否定が生ずるというように発展変化を繰り返していくと主張されているのです。このことが、ヘーゲルの弁証法（対立するものは、否定されながら統一されてより高い段階に発展止揚する）から学びながらも、マルクスの弁証法がそれと異なる点です。

第20問　マルクス・レーニン主義の哲学理論の一つである「唯物史観（史的唯物論）」について説明してください

一　マルクスは、「物質的生産」こそ最も根源的かつ不可欠の絶対的な営みであるとし、この点に視点、視座を据えて人間社会の変化を捉えようとしました。すなわち、物質的生産の発展こそ歴史的発展の原動力であるとの認識に立って歴史を捉えようとするのが、唯物論的な歴史観、つまり唯物史観です。

二　マルクスは、生産関係（生産における人間と人間の一定の結びつき）が様々な社会関係の中で最も基本的な関係であるとし、人間の社会は、生産力と生産関係の矛盾が根本原因となって変化するとしています。まず、生産力は、本来無限に発展していく性質を有しているとしています。人間は、より多くの物質的財貨を安定的に得たいと願い、生産手段、生産様式（物質的財貨を生産する方法）に工夫を加えるからです。反対に、生産関係は、一度形成されると固定化されやすい性質であるとしています。そして、その理由を、唯物史観では、上部構造と下部構造の関係で説明しています。

三　下部構造とは、生産関係を中心にした社会の経済構造のことをいいます。上部構造とは、法律に基づいて作られている統治機構、行政制度、機能を中心としたもので、文化・芸術・芸能・伝統・習慣・道徳・宗教等により形成される認識をも含めて上部構造としていますが、その中心を成すのは国家の統治機構です。

両者の関係は、下部構造が上部構造を規定する、と定義されています。人間は、生産力が最も有効に機能するような生産関係を作り出します。なぜなら、そうすることが物質的財貨を最も多く生産することを保障するからです。これを、生産関係は必ず生産力に照応（即応）するといいます。そして、人間は生産力に照応して作られた生産関係を永続安定させようとします。そのために法律を作り、法律を保障するために統治機構を作り、担保します。この保護、保障によって生産関係は固定されることになります。

四　生産力は無限に発展する一方で生産関係は上部構造により固定されるわけです。そこで、矛盾が激化し、階級闘争も激化してくることになるというのです。そして、生産力と生産関係の矛盾の激化が頂点に達すると、これまでの生産関係は不可避的に破れざるを得ないため、新しい生産関係の誕生、すなわち革命が起こると指摘しています。

以上がマルクス・エンゲルスの歴史観であり、以後の設問で出てくる理論もこの歴史観を土台として成り立っているわけです。

第21問　マルクス・レーニン主義の経済理論の一つである「労働価値論」について説明してください

一　「労働価値論」は、マルクスの経済理論の背骨ともいうべき理論です。次問の「剰余価値論」以下の彼の経済理論は、この理論に立って構築されたものです。

労働価値論の発展過程をみると、一七世紀末のペティを先駆としており、スミスが体系化して、リカードが発展させ、これをマルクスが批判的に継承しつつ体系的に説明したとされています。

二　労働価値論は、端的には、「労働が価値のみなもと」とする考え方と言えましょう。マルクスは、資本主義制度において生産される社会の富を「商品」と規定し、この商品を生産する唯一のものが労働であると考えました。つまり、「すべての商品の共通の社会的実体は何であるかとたずねねばならぬ、それは労働である。商品を生産するには、そのために一定の労働が用いられまたは費やされねばならぬ」（マルクス『賃銀・価格および利潤』岩波文庫、六二頁）としたのです。その労働も、単なる労働ではなく「社会的労働」（前掲、六二頁）でなければならないと述べています。なぜならば、「ある品物を自分自身の直接的使用のために、それを自分自身で消費するために生産する人は、生産物は作るが商品は作らない。自給自足の生産者としては、彼はなんら社会と関係しない」（前掲、六二頁）からです。

三　では、社会的労働により生産された商品の価値は何によって決められるのでしょうか。マルクスは、「諸商品の相対的価値は、それらに費やされた、実現された、固定された、労働のそれぞれの分量によって決定される」（前掲、六三頁）として、その商品を生産するのに必要な労働量によって決まるとしています。そして、この場合の労働量については、「与えられた社会的平均的な強度および平均的な熟練をもって、その商品を生産するに必要な労働の分量」（前掲、六七頁）を意味するとして、「社会的必要労働の分量」であると説明しています。

四　このように、マルクスは、商品の価値はそれを生産するのに「社会的に必要な労働の分量」により決まるというのですが、しかし、それは必ずしも「労働の分量が増加すればするほどその商品の価値が増大し、またそれが減少すればするほどその価値が低減する」かというと、「そんなことは実際にはない」としています（前掲、六八頁）。つまり、「労働の生産諸力」、例えば、蒸気織機と手織機、土地の豊饒度合等の差により「労働量」も異なるからです。そのことからマルクスは、「諸商品の価値は、それらの生産に使用される労働時間に正比例し、使用される労働の生産諸力に反比例する」（前掲、七〇頁）との一般的法則をうち立てました。

以上述べたところが、一般的に「労働価値論」と呼ばれるもので、マルクスの経済理論はこの理論をベースに成り立っているわけです。

第22問　マルクス・レーニン主義の経済理論の一つである「剰余価値論」について説明してください

一　「剰余価値論」とは、「労働価値論」を基礎として、マルクスが「労働力」に適用して説明した理論です。

二　マルクスは、「労働力」という商品の価値は、その労働力を生産するのに必要な労働の分量によって決められ、また、労働こそ価値の源泉であるとしています。

この理論を例で説明すると次のようになります。資本家が労働者を一日四、〇〇〇円で雇い入れ、八時間の労働をさせたとします。ここで、四、〇〇〇円という賃金が、実は四時間の労働分にしか値しないとします。しかし、資本家が労働者に八時間、あるいは一〇時間働かせた場合、四時間を超えて働かせて得られた価値がそこに出てきます。マルクスは、これを「剰余価値」と名付けました。

三　この理論は、資本家が、四、〇〇〇円の賃金が八時間労働の対価であるかのように労働者に思い込ませて「剰余価値」を得ていると指摘しています。すなわち、マルクスは、資本主義制度下では、資本家は、この「剰余価値」を「搾取」していくが、それを労働者に分からないように粉飾してしまった、というのです。

四　さらに、「剰余価値論」は次のように展開されます。資本主義制度下における資本家は、最も基本的なこととして「剰余価値」をできるだけ多く取る、つまり利潤率（投資に対する利潤）を高くすること、又は資本主義全体の関心事として平均利潤率を高めること（剰余価値は最終的には全資本家がいろいろな形で分配するが、この分配率を平均利潤率という）を考えます（これをもう一方の労働者からみれば、搾取率が高まるといえますが）。この場合、平均利潤率は「剰余価値」から生まれますので、この剰余価値を高めるためには労働時間を少しでも長くすることが必要となってきます（不払労働時間の延長）。つまり、資本主義制度下では、搾取率を高めるために、労働者側の窮乏化が進むことになるというのです。

五　また、搾取の方法には、労働時間延長の他に単位時間当たりの労働力の強化もあるとしています。すなわち、単位時間当たりの労働のエネルギーを強める方法で、これを、労働の質的強化といいます。通常、労働が強まれば強まるほど、労働力の再生産のために賃金の引上げが必要となりますが、資本家は、その賃金を据え置いてしまい、結果として、労働の質的強化により窮乏は更に進むことになるとしています。

第23問　マルクス・レーニン主義の経済理論の一つである「資本主義崩壊論」について説明してください

一　マルクスは、資本主義の崩壊は必然であって歴史の法則であるといっています。以下、その過程を説明していきましょう。

資本主義経済下においては、資本家は少しでも利潤の総額を増加しようと剰余価値を資本として投下します。すなわち、それまでの資本に更に新しい資本を加え、資本を増加させます。これを資本の蓄積といいます。利潤（剰余価格）の増加には、労働時間の延長が最も簡単な方法ですが、これは労働者側からの反発を生み、一定限度以上には期待できません。そこで、次なる方法として、（商品を生産する）必要労働時間を短縮して剰余価値を得ようとするようになります。ここで機械化の導入が行われることになるのです。従前どおり、一日の労働時間が同じだとすれば、機械生産により必要労働時間は縮小するわけですから剰余価値は増大する、したがって資本の蓄積が進むことになります。そして、資本家は更に利潤を得ようと資本を投下しますが、この場合、投下の対象は労働力（これを可変資本といいます）ではなく、生産手段（機械）（不変資本といいます）になります。この結果、労働人口の過剰、産業予備軍（失業者）が増大することになるというのです。

二　労働者は、職を得ようと資本家のいいなりの賃金で労働力を売ることになり、その生活はより厳しくなるといいます。一方、資本家側も、資本総額中の不変資本が増大する結果、可変資本の比が小さくなるわけですから、労働力の搾取（可変資本）によってのみ得られる剰余価値も可変資本の比と同様に縮小することになります。そこで、資本家はますます労働搾取の強化（剰余価値率の増大）に努めますが、利潤率（総資本に対する剰余価値の比）を増大させることも、低下を止めることも不可能となります。つまり、利潤の増大を目的に高度優秀な機械生産の方向に進んだ結果は、逆に利潤の産出が困難になるという、矛盾した結果となるのです。マルクスは、「資本主義生産様式が限界を有し、単に一時的な性質のものであること」は、これによって明白であるとしています。

三　ところで、機械化の導入により生産された大量の商品は、それを売却することにより初めて剰余価値としての利潤が生じてくるのです。では、その商品を購入する者は誰か。資本家は、より大きな利潤を追求して利潤の蓄積を図ります。結局、商品は、労働者により購入されることになります。しかし、前述のように可変資本が減少し、失業者が増大するのですから、資本の蓄積の結果増大する生産物を消費できず、また、購買できないのは明らかであるとしています。

このようにして、商品の滞貨は進み、景気は悪くなり恐慌が起こることになります。恐慌は恐慌を生み、これが繰り返されるようになると、それ以上の生産力の発展を求めていくためには、資本主義生産方式そのものを打破して新しい生産方式を採る経済機構を確立することが必要となることから、資本主義は必然的に崩壊していくとマルクスはみたのです。

第24問　マルクス・レーニン主義の経済理論の一つである「帝国主義論」について説明してください

一　「帝国主義論」とは、一九一六年にレーニンが唱えた理論であり、ここでの「帝国主義」とは、「高度に発達した資本主義」を意味しています。

資本主義の発達過程では、資本家はより大きな利潤を求めて激しく競争を行います。その過程で、中小の企業は「弱肉強食」の論理で次第に潰され、一握りの大資本による独占状態が生じます。一方、大資本家、巨大資本も他の企業との競争に敗れないために資本の投下を行い、機械・工場の拡充に努めます。そこで、より大きな資本の集積のため「株式会社」が誕生します。株式は、巨額の資金を有する金融機関に持ち込まれ、これに対して金融機関は産業資本家に融資します。また、好景気時の設備投資や不景気時の運転資金等を通して、金融資本家が次第に台頭し、産業資本家を支配する状態になります。資本主義が高度に発達して独占資本主義の段階になりますと、最終的には、金融資本が国家をも支配するような状況となるといいます（金融の寡頭制）。

二　このような状態は、過剰生産恐慌をもたらします。そして、この状態が続けば「資本主義の崩壊」につながりかねません。資本家は、この状態を回避しなければ資本主義を延命させられない、との危機感を抱き、その延命存続策として他国に商品を売りさばくことを考えます。すなわち、必然的に帝国主義的な政策の道を歩むようになる、というのです。ところが、当初、商品を他国へ持って行き、売りさばいていたものの、資本家は、それ以上に利潤を上げる方法を考え付きます。それは、現地に資本を投下し、安い原材料、安い労働力等を利用し、現地で商品を生産することであり、こちらの方が安上りであるというのです。

三　このように、「資本の輸出」が帝国主義の大きな特徴であり、外国で工場を作り、現地のものを搾取し、生まれた利潤を収奪することで資本主義の延命を図るとしています。しかし、このような政策を続けていくと、現地の人々の反発を生むことになるため、安定して搾取を続ける手段が必要になります。資本家側に立った安定した政権がそれです。軍隊を投下し、政治的・軍事的にその国を必ず支配するようになる、これが「帝国主義」であるとレーニンはいうのです。「植民地」とは、そのような形で、政治的・経済的・軍事的に収奪された国家のことをいいます。

四　レーニンは、「帝国主義」を「資本主義一般の基本的諸属性の発展と直接の継続として生じた」（『帝国主義』岩波文庫、一四四頁）と説明し、「資本主義の独占的段階であるというべきであろう」（前掲、一四五頁）と定義しています。このレーニンの「帝国主義」はやがて革命理論を生み出し、プロレタリア国際主義の考え方の根底を成すに至るのです。すなわち、植民地従属国の人民大衆と宗主国の労働者階級とはお互いに連帯しあうべきであるとし、この理論を実現するために、世界共産主義者の単一の党としてのコミンテルンの結成となるのです。

第25問　共産主義者は、よく「階級」という言葉を用いますが、この意味について説明してください――階級社会論

一　「今日まであらゆる社会の歴史は、階級闘争の歴史である」（『共産党宣言』岩波文庫、三八頁）。これは、『共産党宣言』の冒頭にある一文です。この文章は、人間の社会を二つの相対立する階級の社会であるとするマルクス、エンゲルスの社会観を叙述したものです。

彼らは、「自由民と奴隷、都市貴族と平民、領主と農奴、ギルドの親方と職人、要するに圧制者と被圧制者はつねにたがいに対立して、ときには暗々のうちに、ときには公然と、不断の闘争をおこなって」（前掲、三九頁）、歴史の発展を推し進めてきたとみるのです。

二　ここでの「階級」とは、ブルジョア階級とプロレタリア階級を意味します。ブルジョア階級とは、「社会的生産の諸手段の所有者にして賃金労働者の雇傭者である階級」（前掲、三八頁）をいい、プロレタリア階級とは、「自分自身の生産手段をもたないので、生きるためには自分の労働力を売ることをしいられる近代賃金労働者の階級」（前掲、四〇頁）としています。言い換えれば、資本家――「搾取する者」と労働者――「搾取される者」ということになります。

三　マルクスらは、近代社会の階級対立について、「封建社会の没落から生れた近代ブルジョア社会は、階級対立を廃止しなかった。この社会はただ、あたらしい階級を、圧制のあたらしい条件を、

闘争のあたらしい形態を、旧いものとおきかえたにすぎない」、「われわれの時代、すなわちブルジョア階級の時代は、階級対立を単純にしたという特徴をもっている」とし、全ての社会は、「敵対する二大陣営、たがいに直接に対立する二大階級――ブルジョア階級とプロレタリア階級に、だんだんとわかれていく」と説明しています（前掲、四〇頁）。

このため、ブルジョア階級とプロレタリア階級の中間に位置する階級の者も、「あるばあいにはかれらの小資本が大工業の経営には足りず、もっと大きな資本家との競争に負ける」ことなどにより「プロレタリア階級は人口のあらゆる階級から補充される」（前掲、五〇頁）ことになるというのです。

そして、マルクスらは、「共産主義者の当面の目的は、あらゆる他のプロレタリア党の目的と同一である。すなわち、階級へのプロレタリア階級の形成」（前掲、五七頁）であるとし、また、「プロレタリア階級が、ブルジョア階級との闘争のうちに必然的に階級にまで結集」（前掲、六九頁）した後、革命によって支配階級となり、支配階級として強力的に古い生産諸関係を廃止し、プロレタリア階級自らも、階級としての支配を廃止すると述べています。

このように、マルクス、エンゲルスの社会観は、〝全歴史は階級闘争の歴史、すなわち、搾取される階級と搾取する階級の間の闘争の歴史であった〟（エンゲルス、前掲、一〇頁）として、階級闘争により社会が新しくなり、歴史が発展してきたとしています。

第26問　共産主義は、国家や警察をどのようにみているのですか――階級国家観

一　マルクス・レーニン主義の「階級国家観」では、国家の由来について、「国家は、階級対立の非和解性の産物である」としています。

人類に元来国家と呼ばれるような社会は存在せず、ある時期に入って生産手段を所有する階級と所有しない階級とに社会が分裂し、やがて生産手段を所有しない階級が所有する階級に使われ、搾取されるようになって階級対立が発生し激化したことから、これを放置すると社会が衰退するとして、階級闘争を閉じ込める「秩序」を創り出すために、強制力のある統治機構として国家を形成することになったとしているのです。

エンゲルスは、「国家は永遠の昔からあるものではない。国家がなくてもすんでいた社会、国家や国家権力のことを夢想さえしなかった社会が、かつてはあった。社会の諸階級への分裂を必然的にともなう経済的発展の一定の段階において、この分裂によって国家が一つの必然事となったのである」(『家族、私有財産および国家の起源』大月書店、二二六頁）と主張し、レーニンは、「国家は階級対立が客観的に和解させることができないところに、またそのときに、その限りで、発生する。逆にまた、国家の存在は、階級対立が和解できないものであることを証明している」（レーニン『国家と革命』大月書店、一四頁）と断定しています。

二　そして、このような国家の由来を踏まえつつ、「階級国家観」では、国家の役割・機能を「階級抑圧機関」として捉え、その本質は「暴力装置」であると独断しています。さらに、階級社会の国家はどのような国家であっても、必ず生産手段を所有する階級の利益と立場を保障し、また、擁護するように構成されるとしており、生産手段を所有して経済的支配者となった階級が、「階級抑圧機関」たる国家を形成し、政治的支配者にもなって、その国家機能を使い階級闘争を抑圧するとともに、人民大衆を支配し搾取するというのです。

レーニンは、「国家は階級支配の機関であり、一階級が他の階級を抑圧する機関であり、階級の衝突を緩和させながら、この抑圧を法律化し強固なものにする「秩序」を創出することである」（前掲、一五頁）、「非抑圧階級を搾取する道具としての国家」（前掲、二一頁）、「国家は特殊な権力組織である」（前掲、三八頁）、「常備軍と警察とは、国家権力の主要な武器である」（前掲、一八頁）などとしています。すなわち、「階級国家観」では、全ての国家機構は、ブルジョアジーの「階級支配」のための「道具」であるとしているのです。しかし、その支配を最終的に保障するものは、やはり力（暴力）であるとしています。そして、むき出しの暴力装置として「武器」と称される軍と警察が、国家の中核であり本質であるとしているのです。

第27問　政治理論の一つである「暴力革命論」について説明してください

一　マルクス、レーニンは、資本主義社会から直ちに共産主義社会へ移行させることは不可能であるとして、まず資本主義社会を廃絶して社会主義社会を建設し、その社会主義社会を高度に発展させ共産主義社会へ移行させるべきであるとしています。

そして、社会主義社会という全く別の社会を創るための資本主義社会の廃絶とは、過去に社会主義国家でみられたように、国家機構を破壊すること、すなわち暴力革命にほかならないとしています。

このように、マルクス・レーニン主義に基づく革命は、政権交代による単なる政策転換ではなく、暴力によって現存の国家の統治機構を廃絶しなければならないという徹底した暴力主義に基づいているのです。

二　共産主義の階級国家観は、「国家の本質は支配階級が被支配階級を抑圧するための暴力機構である」という認識の下、この暴力機構によって支配された階級の解放は、暴力革命以外にあり得ないとの結論を導き出し、暴力革命不可避性の原則を展開しています。

この原則によれば、労働者階級の支配権力を確立するためには、国家権力の暴力的構成要素の中心である警察、軍隊、裁判所、監獄等の活動能力を粉砕することが不可欠となります。つまり、支配階級がその地位を占めていられるのは、警察や軍隊等によって被支配階級を抑圧しているためであり、被支配階級が権力を奪取するためには、暴力によって法律秩序を根底から破壊し、これらの国家権力の機能を完全に麻痺させる必要があるとしているのです。そして、被支配階級は、支配階級の暴力を上回る暴力が必要となることから、支配階級の勢力を上回る力を蓄え、これを粉砕することによってその立場を逆転させることができるとし、また、支配者の地位から排除された者の反抗を徹底的に抑圧することによって、新しい支配者としての地位を安全に維持することができるとしています。

本来、階級闘争においては、暴力のみが目標を達成するための手段であるとされ、議会に多数を占めることによって権力を獲得するという議会主義は認められません。マルクス・レーニン主義の鉄則は、「議会を破壊するために議会を利用する」（レーニン）ということであって、議会における闘争も戦術的利用の立場から挙げられていますが、革命遂行はあくまで大衆暴力によってこそ可能であり、これらの暴力によって警察や軍隊を粉砕し、支配階級を抑圧しなければならないというのです。

三　ちなみに、マルクスは、『共産党宣言』の中で「共産主義者は、自分の見解や意図をかくすことを恥とする。共産主義者は、彼らの目的は、既存の全社会組織を暴力的に転覆することによってのみ達成できることを、公然と宣言する。支配階級をして共産主義革命のまえに戦慄せしめよ！」（大月書店、七四頁）と、また、レーニンは『国家と革命』の中で「プロレタリア国家のブルジョア国家との交替は暴力革命なしには不可能である」（大月書店、三四頁）とそれぞれ端的に述べています。

第28問　政治理論の一つである「プロレタリアート独裁論」について説明してください

一　「プロレタリアート独裁論」は、階級国家観とともに、各国共産党にとって厳密にそれを守り、実践しなくてはならない一大原則となっています。マルクスは、彼以前の社会主義を空想的社会主義とし、自己の思想を科学的社会主義としましたが、これは、前者が資本主義から共産主義への移行を保障するプロレタリアート独裁の思想を欠いているとして、〝空想的〟と捉えたのです。

二　マルクスは、プロレタリアート独裁について、「資本主義社会と共産主義社会とのあいだには、前者から後者への革命的変革の時期がある。この時期に照応してまた政治上の過渡的時期がある。この時期の国家は、プロレタリアートの革命的独裁以外のなにものでもありえない」（『ゴータ綱領批判』大月書店、五六頁）と説いたのです。この「プロレタリアートの革命的独裁以外のなにものでもありえない」とした過渡的時期の国家が、社会主義国家であって、その社会主義を目指すのが社会主義革命なのです。

三　レーニンも、プロレタリアート独裁について、「資本主義から共産主義への移行は、もちろん、きわめて多数のさまざまな政治形態をもたらさざるをえないが、しかしそのさい、本質は不可避的にただ一つ、プロレタリアートの独裁であろう」（『国家と革命』大月書店、四九頁）と規定しました。

さらに、レーニンは、「プロレタリアートの独裁は、新しい階級がより強力な敵にたいし、うちたおされたためにその反抗が数倍にもなったブルジョアジーにたいしておこなう、もっとも献身的でもっとも無慈悲な戦争である。…ブルジョアジーの力は、国際資本の力、ブルジョアジーの国際的連繋の力の強固なことだけにあるものではなくて、それは習慣の力のうちに、小生産の力のうちにもある。…これらいっさいの理由からプロレタリアートの独裁が必要になってくる」(『共産主義における「左翼」小児病』大月書店、九頁)、「なぜ独裁が必要なのか、…ブルジョアジーの反抗を粉砕するためだ。――反動分子に恐怖を感じさせるためだ」(『プロレタリア革命と背教者カウツキー』大月書店、四一頁)、「独裁は、直接に暴力に立脚し、どんな法律にも束縛されない権力である」(前掲、一八頁)などと、その必要性等を述べています。

四　このように、マルクス・レーニン主義が説く共産主義社会を実現するためには、労働者が権力を手中に収めてからも、共産党は引き続いて、旧支配勢力が権力を取り返そうとして行う反革命や、旧国家機構や社会制度、伝統、習慣等を破壊して社会主義的な国家機構や社会制度等を創ることに反対する様々な活動に対し、流血を伴う闘争を行いながら、それらの闘争に打ち勝っていくことが、絶対的に必要であるとしています。そして、革命のこのような過程を成し遂げることを保障する力が、プロレタリアート独裁という恒久的な権力であると説いているのです。

第29問　レーニンがその著書『国家と革命』の中で主張している「人民革命論」とプロレタリアート独裁論との関係について説明してください

一　レーニンの『国家と革命』は、一九一七年の十月社会主義革命の直前に書かれたものです。レーニンは、『国家と革命』を書くために準備したノートを当時スウェーデンのストックホルムに預けていましたが、もし、自分が敵に暗殺されるようなことがあった場合には、党は万難を排してこの本を出版するように指示したことが伝えられています。レーニンがこの『国家と革命』の完成をどんなに大切に考えていたかが分かるエピソードといえるでしょう。

二　一九一七年のロシア革命は、二つの革命を経て、プロレタリアート独裁に入りました。第一段階の革命は、ブルジョア革命です。目標は、封建的なツァーリズム（皇帝による専制的支配体制）の打倒であり、中世的な封建主義を根絶して、ブルジョア民主主義革命を完成することです。この革命により、ツァーリズムを支えているブルジョアジーと人民との連繫を断ち切ることに成功し、一九一七年の二月革命で帝政を倒し、臨時政府を樹立しました。

三　第二段階の革命が、プロレタリア革命（人民革命）の形態であり、二月革命から同年の十月革命に至るまでの期間に行った革命です。打倒目標は、ロシアにおける帝国主義であり、革命の勢力は、プロレタリアートでした。

レーニンの見解によれば、二月革命によってブルジョア革命は完成されたのであって、次に来たるべき革命は、プロレタリア革命であり、独占金融資本、帝国主義を倒しての、社会主義社会の建設でなければなりません。レーニンは『国家と革命』の中で、帝国主義の時代になって、ブルジョアジーとプロレタリアートの間の階級対立が激しくなるとき、「革命は、国家権力に対して「破壊力をことごとく集中」せざるを得ないようになり、国家機構を改善することではなくて、それを破壊し廃絶することを任務とせざるを得ないようになる」（前掲、大月書店、四四頁）、「これまでの革命はみな国家機構を一層完全なものにしてきたが、国家機構は粉砕し、打ち砕かなければならないのだ」（前掲、四〇頁）と述べています。そして、このような革命は、暴力革命によってのみ可能であるとしています。

つまり、労働者階級は、プロレタリア革命によって、旧来の、出来合いのブルジョア的国家機構をそのまま受け継ぐことはできず、これを粉砕・破壊しなければならないとしているのです。

四　そして、レーニンは、パリ・コミューンの教訓と二月革命を研究して、「資本主義から共産主義への移行は、もちろん、極めて多数の様々な政治形態をもたらさざるを得ないが、しかしその際、本質は不可避的にただ一つ――プロレタリアートの独裁であろう」（前掲、四九頁）と述べています。そしてこの権力は、「何者とも分有を許さない、大衆の武装力に直接立脚した権力の承認」であるとし、さらに、「階級闘争の承認をプロレタリアートの独裁の承認に拡張する人だけが、マルクス主義者である」（前掲、四七頁）としています。

第30問　マルクス・レーニン主義といいますが、レーニンとはどのような人物だったのですか

一　レーニンの正式な名前は、ウラジミル・イリッチ・ウリアノフといい、一八七〇年四月二二日にヴォルガ中流のスィンビルクスで生まれました。

二　レーニンの父は、町の仕立屋の息子として生まれましたが、勤勉な人物で、高校、大学を優等で卒業、勅任官として世襲貴族になるなど、当時としては異例の出世をしました。また、レーニンの母は、ドイツ系で、英語・仏語・独語が堪能で、音楽も一通りでき、当時としては、教養の高い人でした。

レーニンは、六人の兄弟の中で一番父と似ていると言われ、禿げた頭、細く鋭い目、秀でた眉、平たい鼻等瓜二つであったとされています。さらに、レーニンは、外見だけでなく、性格もよく似ていると言われています。レーニンの姉アンナは、〝「陽気な性質とユーモアと癇癪《かんしゃく》」は父親ゆずりである〟と述べています。

三　レーニンの成長の過程で、一番影響を与えた人物は、四歳年上の兄であるアレクサンドル・サーシァでした。体質も気質も正反対でしたが、レーニンはこの兄を非常に尊敬していました。

この二人の兄弟は、学校で抜群の成績を残しましたが、兄は自然科学方面で優れ、レーニンはラテン語・歴史・文学に優れていました。兄と弟との性格の相違は、二人の好む作家にもよく表わされて

おり、兄はドストエフスキー、弟はツルゲーネフとトルストイを愛好したとされています。

この兄は一八八七年五月二〇日、ツァーリ暗殺未遂事件で絞首刑となり二一歳の若さで死にましたが、万事、「兄さんのとおり」にすることを習慣としていたレーニンは、「きっと復讐するぞ」と叫んだそうです。兄の処刑がレーニンを革命家にしたとは誇張が過ぎるかもしれませんが、彼にとっては、大きな、印象深い出来事であったことは間違いありません。

四　レーニンは、首席で高校を卒業した後、カザン大学の法科に入りましたが、当時、盛んであった学生運動に参加し、暴動行為で警察に拘束されたため、退学となりました。その後、ペテルブルグ大学に移り、最優等で卒業した後、法律事務所で働くことになりましたが、この時既にマルクス主義者となっており、仕事には一切興味を示さず、マルクス主義の理論と実践に打ち込みました。そして、仕事を辞めたレーニンは、職業的革命家として二四時間、革命運動に没頭していくのです。
レーニンは、合法活動と非合法活動とを巧みに結合して運動を展開しました。その後、「労働者階級解放闘争同盟」を組織したことで逮捕、投獄され、シベリアに流刑されるという出来事もありましたが、一八九八年七月にクルプスカヤと結婚し、プレハーノフらと活動を共にして、レーニン主義を築いていくのです。

レーニン主義は、帝国主義とプロレタリア革命の時代のマルクス主義ですが、より正確には、一般的にプロレタリア革命の理論と戦術であり、特にプロレタリアート独裁の理論と戦術といえます（スターリン『レーニン主義の基礎』）。

第31問　エンゲルスという名前もよく聞きますが、どのような人物だったのですか

一　エンゲルス（本名フリードリヒ・エンゲルス）は、一八二〇年にプロシア王国ライン州バルメンで生まれ、一八九五年にロンドンで死亡しました。

一八四二年にイギリスのマンチェスターにある紡績工場に就職しましたが、そこで労働者の困窮と惨状を見て回るとともに社会主義者と親交を結びました。さらにイギリス、フランス、ドイツの様々な社会主義、共産主義に関する著作や経済学・社会史を研究します。そして、同年一一月、ケルンにある『ライン新聞』の編集部を訪問し、マルクスと初めて会いました。

二　一八四四年八月、パリでマルクスと再会しましたが、既に両者は『国民経済学批判大綱』の刊行を契機に文通を始めており、社会主義者としての考え方は一致していました。以後、両者は、終生にわたる友情、学問及び闘争の上での結び付きを深めていくのです。

一八四八年には、マルクスとエンゲルスの共著である『共産党宣言』が出版されます。マルクスとエンゲルスの共同研究は、一八四二年からのマンチェスター時代から一八八三年にマルクスが亡くなるまで続きました。

その研究の成果は、マルクスにおいては『資本論』であり、エンゲルスにおいては多数の著書です。エンゲルスは、マルクスに『資本論』を完成させるため、物心両面にわたる献身的援助を行いました。

三　エンゲルスは語学に巧みで、ヨーロッパ諸国語に通じたほか、その言語を使う国と民族の政治・経済・文化・歴史等を研究しました。

マルクスの死後は『資本論』の遺稿を整理し、第二巻（一八八五年）、第三巻（一八九四年）として刊行しました。

四　また、人物像についてですが、マルクスとエンゲルスは、その性格は際立って異なっていました。

マルクスは厳格で執拗で、何事にも屈しない剛直な性格で、例えば新聞記事を書く場合でも、学位論文を書くほどに参考書を調べる人であったといいます。一方、エンゲルスは軽快敏捷で、酒を好み、遊戯に長じ、ユーモアを解し、筆を下せば千言立ちどころに成るという人だったといいます（小泉信三『マルクス死後五十年』八六頁）。

マルクスは、特にその敵に対しては、辛辣に批判し、その毒舌は止まるところがありませんでした。マルクスの愛する徳は、質素、力であり、最も重んずべき性質は意志の統一、最大の幸福は闘争、最大の不幸は屈従、最も厭うべきものは、卑屈でした（前掲、八七頁）。

このようなマルクスの性格のため、かつての彼の友人、同志の多くは、やがて仲違いして、エンゲルスとその他ごく少数の者を除けば、彼との交誼の終わりを全うした人はいなかったとされます。

第32問　スターリンと対立したトロツキーとは、どのような人物だったのですか

一　トロツキーの正式な名前は、レフ・ダヴィドヴィチ・ブロンシュテインです。一八七九年一〇月二六日に南ロシア、エリザベートグラードに近いヤノウカ村に生まれ、一九四〇年八月二一日にスターリンが放った刺客によって、亡命先のメキシコで暗殺されました。

トロツキーの前半生は、ツァーリズム（皇帝による専制支配）との闘争にささげられ、後半生は、スターリンとの死闘に費やされたといってもいいでしょう。

二　ソ連共産党の公史『全連邦共産党史』には、トロツキーは革命の裏切者、ファシストの手先として顔を出していますが、一九一七年の十月革命で果たしたトロツキーの役割は多大であったともいえます。しかし、ソ連においては、トロツキーの名前は、完全に葬り去られていました。

もっとも、第四インターナショナルの旗の下、世界の至るところにトロツキーの主張を支持するトロツキストが活動しており、この点でも、トロツキーの影響は大きいといえるでしょう。

三　トロツキーは、父がユダヤ人の富農であったため、幼年時代にひどい差別待遇は受けませんでした。この点でトロツキーの環境はマルクスに似ています。

トロツキーが生まれた頃は、ロシアのナロードニキ運動（「人民のなかへ」と呼び掛け、帝政の変革を求めた運動）が頂点に達していた時期で、その後プレハーノフ（一八五六～一九一八年）らの手

でロシアにマルクス主義が輸入され、マルクス主義による革命運動の情勢が着々と整えられていた時期でした。

四　トロツキーは、マルクスの『資本論』をシベリアの流刑地で研究したと言われますが、マルクス主義を既成の教義として受け入れることをせずに、あくまでも自分の頭で考え抜きました。独創的な思想家としてのトロツキーの特徴を垣間見ることができます。

トロツキーは、一九〇〇年の秋にレナ河畔ウスト・クート村に流刑されましたが、二年後に同所を脱走し、ロンドンにいるレーニンらを訪れたほか、一九一七年五月にロシアへ帰るまで、一五年間にわたる長い亡命生活を送りました。

五　ちなみに、トロツキーがロンドン、パリ、ジュネーブで華々しい活躍をしている間、スターリンは何をしていたのでしょうか。

スターリンはカフカス地方のオルグとして地味な活動を続け、一九〇二年四月に検挙されてから、一九一七年の二月革命までの一五年間に、六回検挙され、五回脱走しました。検挙されても、流されても、その都度、自己の責任部署に戻っています。

トロツキーは、レーニンの死後、一国社会主義革命の可能性を主張するスターリンと対立し、西ヨーロッパでの革命が成功しない限りソ連での社会主義建設は不可能であるとする立場から永続革命論を唱えました。しかし、スターリンに国外追放され、最終的にメキシコに逃れたものの、その地で暗殺されたのです。

第33問　毛沢東思想について説明してください

一　一九二一年の中国共産党の誕生から一九二七年の第一次国共合作の決裂までの中国共産主義は、ほぼ完全にコミンテルンの指導下にあり、中国独自といえる特徴はありませんでした。中国の共産主義が、中国独自のマルクス主義として毛沢東により形成されたのは、一九二八年頃のいわゆる井《せい》崗山《こうざん》時代においてでした。

二　毛沢東は、一九三五年に瑞金から陝西省《せんせいしょう》への大長征の途上で中国共産党の指導権を完全に握るまで、中国の実情を知らないコミンテルンの影響下にある中国共産党の幹部との間で指導権争いを繰り広げました。その指導権は、対日戦争についての見通し、蒋介石の国民政府との内戦における勝利、朝鮮戦争の指導及び一九五七年までの経済建設等により、カリスマにまで高められました。しかし、一九五九〜六一年の農業危機や同じ頃から激化し始めたソ連との対立、あるいは外交政策の挫折や毛沢東死後の四人組批判等の矛盾も吹き出しています。

三　毛沢東思想はマルクス・レーニン主義から多くのものを学んでいると言われます。すなわち、(1)レーニンの労働者と農民との革命的民主主義的独裁と毛沢東の人民民主主義独裁とはよく似ており、(2)前衛党による指導という点と、(3)いわゆる社会主義的原始蓄積という点で毛沢東思想はレーニン主義と完全に一致しています。この意味で毛沢東思想は、後進国革命理論としてのマルクス主義をマルクス・レーニン主義という形でソビエト・ロシアから輸入したものです。

しかし、毛沢東思想にはマルクス・レーニン主義にはなかった特徴が存在しています。

四 まず第一には、毛沢東が農民運動を中国革命の主要な推進力と考えたことです。レーニンも労働者と農民との同盟を説き、農民運動を重視しましたが、決してこれをロシア革命の主要な推進力であるとは考えませんでした。

第二の特徴は、「人民戦争」理論です。毛沢東は農民を武装し、革命運動の先頭に立たせて戦いましたが、反革命勢力が中国全土で優勢となってきたので、一九二七年一〇月に井崗山に立て籠もり、将来の再起を準備しました。そこでは規律を重んじ、人民の支持を確保するのに極めて熱心でした。また、人民に対する奉仕を道徳としました。

その他には、中国の伝統思想から学ぶ思想改造があり、毛沢東思想と中国の儒教思想との深いつながりがみられます。

また、世界を、矛盾の観点から把握する、あるいは、全ての物事は矛盾があり、これを「一を分けて二となす」（ものの両面・対立面を見る）という方法を適用することによって把握するという、矛盾論も大きな特徴です。

毛沢東思想は、中国文明の伝統が根強い朝鮮・ベトナムに大きな影響を与えました。

第34問　ロシア革命は、どのようにして発生したのですか

一　一九一七年（大正六年）一一月七日（十月二五日）、レーニンを首班とするソヴィエト政権が樹立し、革命に成功しましたが、この革命を「十月革命」又は「十月社会主義革命」、一般には「ロシア革命」と言っており、これが世界で最初の社会主義革命です。

二　ロシアは、一八九〇年代から、フランスの資本導入によって発展し、都市では大工業が急速に成長しました。しかし、工業や銀行の多くは外国資本の手にあり、工場での労働条件も劣悪でした。二〇世紀初頭、それまで平穏であった農村で、農奴解放後も地主への従属が続くことに抗議する激しい農民運動が現れ、工場労働者のストライキも起こりました。知識人や社会主義者の中にも、専制体制の転換を求める声が高まり、マルクス主義を掲げるロシア社会民主労働党が結成されました。

三　一九〇五年、日露戦争の戦況が不利になり、同年一月、「血の日曜日事件」が起こると、農民蜂起、労働者のストライキ、民族運動が吹き出しました。モスクワでは、労働者の自治組織ソヴィエト（評議会）が武装蜂起に立ち上がり、海軍でも反乱が起こりました（第一次ロシア革命）。皇帝は、立法権を持つ国会の開設、市民的自由等を認めましたが、立法権は制限され、選挙制度も不平等であったため、皇帝は再び専制的姿勢を強めました。

四　こうした中で、一九一四年六月末、第一次世界大戦が勃発しました。ロシアは開戦以来、敗北

を重ね、輸送危機も加わって都市への食料・燃料供給が低下し、戦争継続に反対する国民の声が広がりました。一九一七年三月八日、首都ペトログラードで、パンと平和を求める民衆の大規模なデモやストライキが起こると、軍隊も加わってたちまち各地に広がり、労働者・兵士はソヴィエトを組織して、革命を推進しました。皇帝ニコライ二世が退位したことでロマノフ朝は消滅、帝政は崩壊し、臨時政府が樹立されました（ロシア二月革命又は三月革命という。）。

五　臨時政府は、普通選挙による議会招集を決めましたが、戦争は継続しました。一方、労働者や兵士ソヴィエトもなお存続したため、不安定な二重権力状態が続きました。一九一七年四月、ボリシェヴィキ（ロシア社会民主労働党多数派）の指導者レーニンが、スイスから帰国し、更に革命を進める方針を示し、勢力を拡大しました。一一月七日にはレーニン、トロツキーらが武装蜂起を指揮して政府を打倒し、権力を握り、同月八日、全ロシア＝ソヴィエト会議で新政権成立が宣言されました。これが「十月革命」です。

六　ボリシェヴィキは、憲法制定議会を封鎖して、ソヴィエトを基盤とする体制に移行し、社会主義を目指す方針を明らかにするとともに、ボリシェヴィキを共産党と改称し、首都をモスクワに移しました。一九一八年後半には、ソヴィエト体制は事実上共産党の一党支配になり、地主からの土地の無償没収、工業、銀行、貿易の国営化等が実行されました。

第35問　国際共産主義運動について説明してください

一　国際共産主義運動とは、世界革命を目標に各国共産党が一体的に展開している国際的階級闘争の総称であり、世界革命を究極の目標として相互に密接な連携を保ちつつ活動を展開しています。

二　共産党は現在、世界のほとんどの国に結成され、相互に連帯感を持ち活動していますが、これは、マルクス・レーニン主義に基礎を置き、世界革命を目指すという根本的な思想に基づくものです。すなわち、マルクス・レーニン主義によれば、

◯　社会における利害の対立において、本質的に融和できないものは階級的な対立関係である。したがって、利害の一致する労働者階級は、国境を越えて団結し、国際的な資本家勢力に対抗して社会主義革命の実現のために闘わなければならない

◯　限られた国で革命が達成されても、世界に資本主義諸国が存在する限り、そのブルジョア的なものの考え方が社会主義国に流入して、社会主義的意識構造の変革に障害となる。したがって、労働者階級は世界革命を達成するため、国際的な団結と連携の下に闘わなければならない

としています。この労働者階級の国際的連帯の立場と思想がプロレタリア国際主義であり、その実践が国際共産主義運動です。日本共産党は、昭和五七年（一九八二年）の第一六回党大会以降、これを「世界の共産主義運動」と言い換えています。

国際共産主義運動の進め方は、既に革命を成し遂げた社会主義国の共産党は、資本主義諸国の共産党を物心両面にわたって支援し、資本主義諸国の共産党は、社会主義諸国における社会主義建設のために奉仕するという形で、世界全体の革命運動を発展させるようにしなければならないとしています。

三　国際共産主義運動の経過

(1)　第一インターナショナル　一八四八年の「万国の労働者団結せよ」の共産党宣言に刺激され、一八六四年、ロンドンで社会主義者によって「国際労働者協会」（＝「第一インターナショナル」）が結成されましたが、パリ・コミューンの崩壊と内部分裂で一八七六年に解散しました。

(2)　第二インターナショナル　一八八九年、パリで「第二インターナショナル」が創立。第一次世界大戦で、諸国の社会主義政党が自国の戦争を支援したため、一九一四年、事実上崩壊しました。

(3)　コミンテルン　「第三インターナショナル」ともいいます。一九一九年、レーニンの指導により三〇か国の共産党と左派社会民主主義者によって結成されましたが、一九四三年、第二次世界大戦を遂行する上で戦術的に解散しました。

(4)　コミンフォルム　一九四七年、米国のマーシャルプラン（欧州経済援助計画）に対抗して結成されました。ポーランドのワルシャワにおいて、九か国の共産党代表が会合して設置を決めたもので、各国共産党間の連絡をよくし、国際共産主義運動を一体的に展開するための指導機関として活動しました。一九五六年、ソ連共産党第二〇回大会後に解散しましたが、各国共産党による新たな連携を見い出すとしました。

第36問　中国革命は、どのようにして行われたのですか

一　中国革命は、農民を中心とした、しかも解放軍の戦闘による革命です。この点、ロシア革命は、労農と兵士の武装蜂起がその中核をなしており、両者の相違がここにあります。

二　この中国革命の発生した社会的背景や革命の経過は次のとおりです。

(1)　社会的背景　中国革命の社会的背景をなすものは、ロシア革命と同じく、封建制度下にある農民たちの困窮と近代産業の導入による奴隷的な労働条件の下に働く労働者群の発生が、その主なものといえます。しかし、それに加えて「清朝」が打倒された後、政変が繰り返され、その後生まれた軍閥政治の腐敗と無能、西欧列強による中国への植民地主義的介入、抗日戦争の発生等が中国革命の特徴的な背景であったといえます。

(2)　革命の経過　一九一二年一月、孫文の指導によって「辛亥革命」が発生、清朝が打倒され、同時に封建的支配制度は崩壊し、共和政の中華民国が生まれました。しかし、この革命後、政治的、軍事的な統一は達成されることなく、国土の多くは軍閥の手中に落ちることとなりました。このため、これに反対してデモクラシーを求める市民、農民の反乱が発生し、やがてそれは全国に広まりました。

一九一七年、ロシアで「十月革命」が成功し、一九一九年にはコミンテルンが結成され、これが中

国国内の暴動に拍車を掛けることとなり、この中で、一九二一年七月、陳独秀、毛沢東等がコミンテルンの指導の下に、上海で第一回全国代表大会を開いて中国共産党を正式に結成しました。

中国共産党は、「国際帝国主義の打倒」、「完全独立達成」等を含む闘争路線を決定し、戦術的には国民党と協力して軍閥の打倒を進めましたが（第一次国共合作）、一九二七年四月、蒋介石は、革命の指導権奪取に乗り出した中国共産党を抑えて上海でクーデターを起こし、南京に国民党政権を樹立し、共産党及び労働運動の取締りを強化しました。このため、中国共産党は、「紅軍」を組織し、国内各地で戦闘を開始し、内戦状態は一〇年間にわたって続きました。

中国共産党は、やがて満州事変、上海事変の勃発後、国内の軍事的統一を第一義とする政府軍の攻勢が強まったため、一九三四年に大西遷を開始、延安に本拠を築きました。

一九三七年、日中戦争の発生とともに中国共産党は、戦術上、政府軍との内戦を終結させ、共に抗日戦争に入りますが（第二次国共合作）、一九四五年の日本の敗戦とともに、一転して再び内戦に突入し、正規に編成した解放軍と熟練したゲリラ戦をもって、長春・南京・上海と破竹の勢いで攻略し、一九四七年には蒋介石に対して総反攻を宣言、一九四九年一〇月には、ついに内戦に勝利して中華人民共和国を樹立して、毛沢東が独裁政権の座に就くに至ったのです。

三　このように、中国革命では、強力な軍事行動によって革命が遂行されていったのであり、その特質とされる国内革命戦争は、解放軍の戦闘による革命であり、革命軍隊により解放地区を作っていくという形態が採られました。

第37問　中国文化大革命とは、どのようなものだったのですか

一　中国の「文化大革命」は、一九六六年五月から七六年一〇月にかけて中国全土を巻き込んだ政治的、社会的運動です。

文化大革命は毛沢東によって発動・推進されましたが、実施に際して中核となったのは、陳伯達、江青らの文化大革命小組です。

二　文化大革命の直接の起因は、一九五八年の人民公社化（「公社」とはコミューンの中国語訳）による大躍進政策の行き過ぎを調整した劉少奇の政策が、毛沢東からみて、中国革命の本質と成果に反する修正主義と考えられたことによります。毛沢東は林彪によって、人民解放軍の中で毛沢東思想の学習運動を展開し、この軍の実力を背景に教師と学生によって構成された紅衛兵を動員して、劉少奇の息の掛かった党機関を破壊し、党の要人や学術文化界の権威を逮捕しました。

一九六六年八月には、一一中全会で、劉少奇ら四人の副主席の肩書きを外し、林彪のみが一人副主席となり、毛沢東の「後継者」として高い地位が与えられ、劉少奇は、一九六七年三月、裏切り者・労働運動の破壊者として国家主席の地位を奪われ、党から除名されました。

しかし、林彪は一九七一年九月にクーデター未遂事件を引き起こし、飛行機で逃亡の途中、モンゴルに墜落して死亡しました。この後、一九七六年の毛沢東の死（九月九日）、「四人組」の逮捕（一〇

月六日）、鄧小平復活を経て、一九七七年八月には、文化大革命の終了を公式に確認し、一九七八年には、文化大革命中に失脚した人々も劉少奇を始めとして全て復活しました。

三　一九八一年六月の六中全会で採択された「歴史決議」により、文化大革命が主として毛沢東により引き起こされた左寄りの重大な誤りであったことが確認されました。ところで、中国の文化大革命について、日本共産党は、どのように見ているのでしょうか。日本の共産主義者から見た中国の文化大革命を論じたものとして、また、革命はどんな順序で行われるかということで、次の文章は参考になります。

「社会主義社会を建設するためには、まず資本家階級の権力をうばいとる政治革命をおこない、ついで経済関係を変革する経済革命、同時に文化、思想の革命をおこなわなければなりません。マルクス・レーニン主義は、社会主義社会において、大衆のなかにしみこんでいる古いブルジョア的あるいは封建的な思想、文化、風俗、習慣を克服し、新しい社会主義的な思想、文化を建設する文化革命を一貫して重視してきましたし、現在でもかわりありません。しかし、いま中国ですすめられている「文化大革命」は、このマルクス・レーニン主義の文化革命とはまったくちがったものです。中国でおこなわれている「文化大革命」を一言でいうならば、それは、毛沢東一派の無制限の専制支配をうちたてることを目的とした政治闘争にほかなりません。事実、かれら自身が、「資本主義の道を歩む実権派の打倒がおもな目的」と主張しているのですから、これは「文化」の問題ではなく、あきらかに「政治」の問題です」（日本共産党中央委員会発行『日本共産党一〇〇問一〇〇答』）

第38問　現在、世界の社会主義国は、何か国あるのですか

一　社会主義という用語は、三つの意味で使われています。①非マルクス主義的な社会主義思想を意味し、社会民主主義とも呼ばれ、マルクス・レーニン主義と原則的に区別される。本問でいう社会主義国家には、これは含まない。②共産主義とほぼ同義であり、生産手段の社会的所有に基づく無階級社会で、その社会を目指す思想、運動をいう。③広義の共産主義社会の低い段階を指す。

二　ところで、共産主義社会とは一体どのような社会を指すのでしょうか。それは、生産手段が完全に社会全体の所有となる社会であり、簡単にいえば、共産主義社会は、「各人は能力に応じて働き、必要に応じて受けとる」ということが実現される社会です。もちろん、共産主義者の目標は、この共産主義社会を建設することにあります。

三　一般的に、社会主義とは、共産主義の低い段階をいい、簡単にいえば「能力に応じて働き、労働に応じて受けとる」社会の段階です。これを詳説すれば次のとおりです。プロレタリア革命によって、労働者階級が国家権力を握り、生産手段を社会の所有に移し、経済関係を改造します。生産手段が社会的所有となることから、人による人の搾取はなくなる、労働は他人のために強制された労働ではなくなり、直接社会のための労働となるとされます。生産手段が社会的所有に移された結果、経済は計画経済となります。社会主義の下では搾取階級がなくなるので、階級を抑圧する国家の必要性も

なくなりますが、生産と消費を計画的に管理していくためには、国家権力が未だ必要です。現在、世界の一部の国々が社会主義国になっていますが、これらの国々は、マルクスが予見したところとは異なって資本主義の極めて遅れた国であるところから、多くの複雑な問題を抱えています。

四　社会主義国は、一時期、ソ連、ポーランド、ブルガリア、ハンガリー、ルーマニア、東ドイツ、チェコスロバキア、ユーゴスラビア、モンゴル、キューバ、中国、北朝鮮、ベトナム、ラオス、アルバニアなど、十数か国ありましたが、一九九一年八月、ソ連共産党が解散し、同年一二月、ソ連邦も解体、ロシア、ウクライナ、ベラルーシ等に分裂し、「独立国家共同体」が結成されました。

ソ連の崩壊に始まった東欧諸国の一連の崩壊・民主化等の後、現在も社会主義の道を進んでいる国としては、中国、北朝鮮、ベトナム、ラオス、キューバ等と言われています。

なお、一九一七年のロシア革命以降、共産主義国の樹立を目指し、七〇年余にわたって変遷を重ねてきたソ連等の社会主義体制が崩壊した理由として、○社会主義経済の行き詰まり、○政治的自由の抑圧、が挙げられていますが、これらの要因は、中国等、現在も社会主義体制を維持している国においても共通の問題となっています。

五　ちなみに、日本共産党は、平成六年（一九九四年）の第二〇回党大会以降、「社会主義国」とは言わず、「社会主義をめざす国」と言い換えています。

第39問　「構造改革」路線について説明してください

一　「構造改革」路線とは、共産党を中心とした革命諸勢力に有利となる政策を、体制側に譲歩を迫って一つ一つ実現させていくというものであり、「階級抑圧機関」である国家、「上部構造」を一歩一歩崩していくことをいいます。

二　一九五六年のイタリア共産党第八回党大会は、トリアッチ書記長が「社会主義へのイタリアの道のために、勤労者階級の民主主義政府のために」と題した基調報告を行いましたが、同党がこれに基づいて採った路線が一般に「構造改革」と呼ばれます。

「構造改革」は、民主主義が発達し、民主主義思想が国民の間に普及している国では、現存の制度や法律等を利用することで革命に有利な諸条件を整備していくことが可能であるとする思想に基づくもので、体制側に譲歩を迫り、その積み重ねにより、力関係を同等にして、その時点で権力を譲渡させようとするものです。そして、その時点で体制側が権力を譲渡しなければ、革命に移行しようとするものであり、革命なしに社会主義に移行できるとする社会民主主義とは根本的に異なります。

また、体制側に政策の転換を求めていくためのよりどころが、民主主義における諸制度や法律であり、体制側に一歩一歩の譲歩を迫り得る要素が議会活動であり、かつ議会活動と呼応した議会外の強大な大衆行動や世論であるとして、大衆行動による圧力を必要条件としているほか、前述のとおり、体制側との力関係が接近した時点での政治革命を、不可欠ともいえる条件であるとしています。

三　イタリア共産党の「構造改革」は、権力を奪取することなく、革命をやることなく社会主義にまで入っていけるという「改良主義」に通ずるとして、当初、フランス共産党が厳しく批判を行い、その後、イタリア、フランス両共産党の間で激しい論争が行われましたが、結局、フランス共産党がイタリア共産党の路線を認めることで決着がつけられました。その後、一九五九年にローマで開かれた西ヨーロッパ一七か国の共産党代表者会議を通じて、この「構造改革」路線が西ヨーロッパ諸国の共産党に少なからず影響を及ぼしました。

四　イタリア共産党の「構造改革」路線は、第二次大戦後における社会主義世界体制の出現によって、〝現代は、資本主義から社会主義への移行の時代である〟との認識に基づいたものです。

しかし、この認識そのものが現実の情勢とは相容れないものです。また、「構造改革」路線は、革命への戦術にほかなりません。「構造改革」のための政策転換は、何よりもまず議会外の新しい強大な人民戦線に基づくストライキ、職場管理、デモ等の大衆行動等、人民の闘争に支えられた議会活動が不可欠であるとするものであり、議会主義とは全くいえない手段であることは明白です。

五　こうした「構造改革」路線を歩んできたイタリア共産党は、社会民主主義政党の「左翼民主党」と改名（一九九一年）したほか、フランス共産党も「プロレタリアート独裁」（一九七六年）、「民主集中制」（一九九五年）をそれぞれ放棄するなど、いずれもマルクス・レーニン主義政党から変質しました。

第40問　「ユーロコミュニズム」とは、何ですか

一　「ユーロコミュニズム」とは、西欧の共産党、その中でも特にイタリア、フランス、スペインの三共産党が、一九七五年から一九八二年にかけて展開した「自主的」な共産主義路線をジャーナリズムが呼んだものです。

二　「ユーロコミュニズム」の主張する路線には、おおよそ次のようなものが挙げられます。

(1)　西欧の資本主義体制の中で築かれてきた議会制民主主義へ積極的に参加するとして、連合政権や人民連合を提唱していること。

(2)　幅広い階層、諸政党との提携、共闘による同盟に依拠して、民主主義的、社会主義的諸改革を漸進的に行うと主張していること。

(3)　「プロレタリアート独裁」及び「レーニン主義」を放棄して複数政党制を目指し、最大限に自由を保障すると主張していること。

(4)　ソ連共産党の指導権を拒否し、ソ連と一線を画すと主張していること。

(5)　民主主義と自由を最大限に保障する新しい独自の社会主義を目指すと主張していること。

以上のように、民主的な政権交代を保障し、自由と民主主義を生かしつつ、社会主義への道を進もうとする「ユーロコミュニズム」の柔軟路線は大きな波紋を引き起こしました。

三　一九七五年、イタリア共産党第一四回党大会は、ベルリングェル書記長提唱の「歴史的妥協」と呼ばれる新路線を決定しましたが、この「歴史的妥協」とは、カトリック勢力、中間層等を基盤にしている諸政党に対して政治同盟を結成するように呼び掛けたもので、その骨子は前記のとおりであり、その主張は額面どおりであるとすれば、いわゆる修正主義への転落にほかなりません。しかし、一方ではマルクス・レーニン主義を指導原理とする基本的立場を堅持していました。この柔軟路線は、イタリア共産党を西欧最大の共産党へと成長させ、一九七九年四月の党大会では、ユーロコミュニズムは従来の社会主義でも社会民主主義でもない「第三の道」であるというテーゼが採択されました。また、イタリア、フランス両共産党は、政治同盟実現のために、NATOやECを承認し、一九七六年には、フランス共産党が「プロレタリアート独裁」を放棄して〝モスクワ離れ〟を示しました。

イタリア・フランス・スペインの三共産党は、「ユーロコミュニズム」によって一九七五年から一九八〇年にかけての国政選挙で大きな伸長をみせました。しかし、政治同盟は、イタリア・フランス両共産党では空振りに終わって大きく後退するに至り、イタリアでは、左翼連合も共産党の勢力を伸ばすことはできず、左翼連合の路線を変更し共産党独自の立場を強調し始めました。

四　八〇年代に入ってユーロコミュニズムの足並みは乱れ、イタリア・スペイン両共産党は社会党系組織に対し協調路線を採ったのに対し、フランス共産党は社会党批判を行い、ソ連共産党との関係を重視するに至るなど、ユーロコミュニズムは過去の路線となりました。

第三章　各論　日本共産党の欺瞞《ぎまん》とその実態

第41問　戦前はともかく、最近の日本共産党は、議会主義により平和的な方法で社会主義を目指しているのではないですか

一　日本共産党は、昭和四〇年代においては、〝党の綱領・規約のどこに暴力革命の方針が書いてあるのか、何も書いてないではないか〟という主張で、他党からの共産党批判を論駁し、宣伝していました。ところが同五〇年代に入ってからは、〝共産党は、党綱領に基づき議会制民主主義を通じて革命を行う路線を採っている〟という宣伝に躍起となりました。

もっとも、この宣伝は、欺瞞《ぎまん》的なものです。共産党は、宮本顕治『日本革命の展望』等で、議会制民主主義はもとより、内戦に至らない大衆暴力による「平和的移行」だけの方針でさえ、修正主義に転落した「平和革命唯一論」であると排撃し、「敵の出方」論に立つ革命の「平和的移行」と「非平和的移行」という暴力革命の二つの戦術形態の方針を確立しています。それは、「民主連合政府」を樹立する場合も、同政府から「社会主義の政府」へ移行する場合も、全てこの方針によるとしています（第一〇回党大会「下司報告」）。

二　このことから、〝党綱領は、議会制民主主義による革命の路線を採っており、暴力革命等という方針とは縁もゆかりもない〟という日本共産党の宣伝が、欺瞞宣伝以外の何ものでもないことは明白です。それでは、なぜ日本共産党は、執拗なまでに微笑戦術を駆使し、ソフトな姿勢を採っている

ように見せかけているのでしょうか。

三　その答えは、日本共産党に向けられた国民の警戒を欺くためであることは明らかですが、具体的には、過去の手痛い失敗（昭和二六年の「五一年綱領」による武装闘争）を受けた戦術転換によるものです。すなわち、同党が「革命の準備を整える時期」と「革命に蜂起する時期」とでは全く別の戦術を採るべきだとしているためなのです。

このことについては、日本共産党中央委員会発行の機関誌『前衛』（昭和四三年四月号）に掲載された下司順吉中央委員会幹部会員候補の巻頭論文が本音を述べているので、以下抜粋してみましょう。

○「日本革命の敵、アメリカ帝国主義と日本独占資本は、現在、まだまだ強力です。それは、一六万の警察力、二六万の自衛隊、それにアメリカの駐留軍、その他の国家機構によってささえられています。こうした米日支配層をうちたおして革命の勝利にいたる道は、なまやさしいものではありません。…マルクス・レーニン主義者は非暴力主義者でもブルジョア平和主義者でもないし、必要な実力闘争を主張し、正当防衛権を断固として行使し、政治暴力一般を肯定しています。だが、実際に暴力をつかうかどうかの問題は、情勢、敵味方の力関係、闘争の発展の度合、革命の移行の条件、などについての十分な研究のうえできめられるべきものです。わが党は、一九五〇年以後の数年間、極左冒険主義のあやまりを経験し、それから革命的教訓をひきだしています。わたしたちはトロツキストのこのような「革命ごっこ」はやりません。わたしたちがやるのは、真剣な革命の準備であり、ほんとうの革命なのです」

第42問　日本共産党は、どのようにして結成されたのですか

一　一九一七年（大正六年）にロシア革命を達成したレーニンは、世界革命を目指すための組織としてコミンテルンを創設しました。コミンテルン（国際共産党）は、「第三インターナショナル」とも呼ばれており、一九一九年（同八年）三月、レーニンの率いるロシアのボルシェヴィキ党を中心に三〇か国の共産党と、左派社会民主主義者によって結成された革命勢力の国際的連帯組織でした。

このように、コミンテルンは世界革命を遂行するための組織でしたが、一九二一年（同一〇年）三月のドイツ革命の失敗、それに続くイタリアでの敗北等から、世界革命による国際ソビエト共和国樹立の夢が破れ、ソ連は独力で生きてゆかなければならないこととなり、その機能に変化が起こったのです。すなわち、コミンテルンは、唯一の社会主義国であるソ連を擁護するための国際組織へと変貌を遂げていきました。日本共産党は、こういう背景の下で誕生したのです。

二　コミンテルンは、大正九年（一九二〇年）にコミンテルン極東ビューロー（事務所）を設置し、連絡員である朝鮮人「馬某」を日本に派遣しました。目的は、上海で開かれる極東社会主義者会議への日本代表の参加要請であり、当初、山川均と堺利彦に接触しましたが、二人ともこれを拒否しました。結局、アナーキストの大杉榮が招請に応じ、上海でコミンテルン極東ビューロー責任者のヴォイチンスキーに会い、運動資金として二、〇〇〇円をもらいましたが、大杉には共産党を創る気は全く

ありませんでした。

同一〇年（一九二一年）年四月頃、コミンテルンは続いて、中国人「林某」を派遣して、山川や堺らに接触を図りました。その目的は、大杉が無政府主義であったため、これに代わってボルシェヴィズム派の者を渡航させることであり、結局、近藤榮藏が上海に渡航することになりました。近藤は、コミンテルン代表と共に、日本の運動計画を練り、活動資金をもらって帰国し、同年一一月には「暁民（ぎょうみん）共産党」を組織しましたが、同年一二月に一斉検挙されて、壊滅したのです。

三　近藤が検挙される二か月前の大正一〇年九月、上海から張太雷という中国共産党員が再度コミンテルンからの密使として来日し、極東諸民族大会への日本の代表派遣を要請しました。これにより、高瀬清、徳田球一らが代表として派遣され、同一一年（一九二二年）一月、モスクワで、日本、朝鮮、中国、蒙古、ジャワ、東南アジア方面の代表等約一八〇人により極東諸民族大会が開催、改めて正式の日本共産党組織指令が伝えられました。これを受け、帰国した高瀬らが国内の山川らに働き掛け、同年七月一五日、東京府渋谷町の高瀬が間借りしていた部屋で日本共産党（コミンテルン支部）創立のための会議を開いたのです。そして、同年一一月、モスクワで開催されたコミンテルン第四回大会にも代表を送り、「コミンテルン日本支部日本共産党」として認められ、ここから今日の日本共産党の歴史が始まったのです。

第43問　日本共産党は、戦前どのような活動をしてきたのですか

一　日本共産党は、大正一一年（一九二二年）七月一五日、「コミンテルン日本支部日本共産党」として、コミンテルンの直接の指導と支援の下に、極秘のうちに結成されました。委員長には、堺利彦が選出され、中央委員は、堺利彦（五一歳）、山川均（四一歳）、荒畑勝三（三四歳）、近藤榮藏（三九歳）、高津正道（二九歳）、橋浦時雄（三〇歳）、徳田球一（二七歳）というメンバーでした。

二　発足当時の日本共産党は、非合法で、党員も職業革命家で構成された組織であり、地下に隠れて活動していました。党創立の翌一二年二月四日には、千葉県市川市の料亭において、第二回党大会を開き、コミンテルン草案による日本共産党規約を審議し、新しい役員を選出しました。続いて同年三月一五日に東京石神井の料亭で臨時党大会を開きましたが、綱領をめぐって審議が紛糾し、結局、審議未了のまま終わってしまいました。

ところが、この臨時党大会の議事録が後に警視庁に押収され、これが端緒になり、同一二年六月五日に一斉検挙を受け、同一三年二月に解散することを決議するに至りました。

三　しかし、コミンテルンは、日本共産党の解散を認めず、速やかに党を再建するよう厳しく要求し、コミンテルン極東支部も、左翼労働組合の強大化や共産党の形成、機関紙発行等、党再建の具体的方針を指示してきました。この方針により、大正一五年一二月四日、山形県五色温泉で、佐野文夫

ら一七名が第三回党大会を開き（これが戦前における最後の党大会となった）、共産党が再建されましたが、昭和三年三月と四年四月の二回にわたり、共産党員の全国一斉検挙が行われた結果、共産党は壊滅状態に陥りました（三・一五事件、四・一六事件）。他方で、こうした時期（三年二月）に、共産党中央機関紙『赤旗（せっき）』が創刊されています。

その後、検挙を免れた党員によって、完全な非合法組織としての共産党を結成し、武装を開始しましたが、同五年二月と同年七月の一斉検挙により、党再建は失敗に終わります。

しかし、党の残存分子は、同六年一月、コミンテルンから党再建の使命を与えられて帰国した党員を中心として、四たび党再建に着手し、中央委員会を組織する一方、『赤旗』を再刊しましたが、コミンテルンからの資金が途絶えたため、七年、資金獲得のため、銀行を襲撃しました。そして、同年一〇月に静岡県熱海町西山の旅館で全国会議を開こうとしましたが、事前に参加者一一人全員が検挙されたため、ここに共産党中央部は壊滅したのです。

こうした情勢を受け、党員間に動揺が生まれ、疑心暗鬼に陥り、同八年末から九年初めにかけて、宮本顕治らがスパイと目した党員を査問し殺害した「共産党リンチ事件」等が発生。中央幹部の検挙が相次ぎ、同一〇年三月に袴田里見も検挙され、ここに共産党中央委員会は消滅しました。

第44問　日本共産党は、戦後どのように再建されたのですか

一　昭和六年九月、満州事変が勃発しました。日本共産党は、同七年一〇月、「戦争開始に伴う日本の新しい情勢の変化に対応するための活動方針を決定せよ」とのコミンテルンの指令を実行するため、静岡県熱海で全国代表者会議を開こうとしました。ところが、事前に参加者全員が検挙されたため、新生共産党中央部は壊滅しました。この事件をきっかけとして、発足以来共産党がコミンテルンの指令を鵜呑みにしてきたことに対する批判的空気が党内に漂い、このころから転向、脱党者が続出し、その後の相次ぐ検挙もあって、共産党は衰退の一途をたどりました。その後、活動は地下に追い込まれながらも継続し、満州事変を日本帝国主義的侵略戦争ときめつけて反戦運動を展開しましたが、度重なる検挙によって、同一〇年に中央委員会は消滅し、以後、組織的な活動はみられず、残されたメンバーが限定的に活動する程度でした。

そして、同一六年一二月、太平洋戦争が開戦となり、国民総決起のムードは、共産党の存在そのものを許しませんでした。この長い戦争の期間を通じて、我が国の社会運動は全てその影を消し空白となり、共産党もまた、その動向はみられませんでした。

二　昭和二〇年八月一五日の終戦により、我が国は米軍を中心とする連合軍によって占領され、国内の民主主義化が強力に推進されました。その一環として、同年一〇月四日に政治警察廃止に関する

覚書が連合国軍総指令部（ＧＨＱ）から発せられ、獄中の政治犯は一斉に釈放されました。ここに、獄中生活一八年の徳田球一、志賀義雄ら一六名のかつての共産党指導者が再び日の目を見ることになったのです。こうして、日本共産党の再建は、おのずからこれら少数の「非転向」共産主義者の手に委ねられることとなりました。同月一〇日、五〇〇名以上の出迎えを受けて出獄した徳田、志賀らは、既に獄中で準備していた「人民に訴う」という声明を発表し（昭和二〇年一〇月二〇日付け『赤旗』第一号）、「天皇制打倒、人民共和政府樹立」を訴えました。ここに、当時の日本共産党の基本方針が見て取れます。

三　このように、終戦を機に再建された日本共産党は、昭和二〇年一一月八日、代々木の党本部において、全国から代議員三〇〇名を集めて第一回全国協議会を開催し、その後、第四回党大会を同年一二月一日から三日間、同じく党本部で開きました。

この党大会で日本共産党行動綱領を決定し、また、中央委員、同候補等を選出し、ここに同一〇年以来消滅していた日本共産党中央委員会が確立され、しかも名実ともに合法政党として発足しました。そして、折しも開会中であった第八九回帝国議会は、会期満了の一二月一八日に衆議院が解散となり、日本共産党としては最初の合法的な政治活動が始まったのです。

第45問　「野坂理論」について説明してください

一　野坂参三は、明治二五年に山口県で生まれ、慶応大学在学中から労働運動に関係し、その後、大正一一年の日本共産党結成に参画。昭和六年に夫人と共にソ連に脱出し、モスクワで三二年テーゼ（活動の根本方針を示す綱領）の起草に参加しました。太平洋戦争中は、中国共産党の支配下にあった延安にて、日本人民解放連盟を創設し、反戦運動を指導しました（朝日新聞社編『朝日人物事典』一二四一頁）。

二　終戦と同時に延安を出発し、帰国の途にあった野坂に対しては、党の内外が、強い関心を寄せていました。野坂の性格や経歴から、人民戦線統一について必ずや大きな役割を演じるであろうと目されていたからです。昭和二一年一月一二日、釜山から航路で博多に入り、一六年ぶりに帰国した野坂は、翌一三日に徳田球一らの同志に迎えられて東京入りした後、直ちに日本共産党本部に向かい、翌一四日には、党中央委員会との共同声明を発表しました。共同声明は、戦後の日本共産党にとって歴史的な意義を持っていました。なぜなら、当時の日本共産党は再建後日が浅く、新しい情勢に適応した戦術を決定できていなかったのですが、野坂の帰国によって、新しい戦術を確立できたからです。この新しい戦術は、急遽二月二四日から三日間の日程で開催された第五回党大会で、野坂から報告されました。この戦術こそ、「愛される共産党」のキャッチフレーズの下に「平和革命論」を唱えた「野坂理論」と呼ばれるものであり、共産党の支持拡大に影響を与えました（小山弘健『戦後日本共産党史』二二三〜二二五頁、袴田里見『私の戦後史』三五、三七、三八頁）。

三　この第五回党大会で野坂によって報告され、満場一致で可決された「大会宣言」（「平和宣言」ともいう。）の骨子は、次のとおりです。

○「日本共産党は、現在進行しつつある、わが国のブルジョア民主主義革命を、平和的に、かつ民主主義的方法によって完成することを当面の基本目標とする。故に、党は資本主義制度全体を直ちに廃止して、社会主義制度を実現することを主張するものではない。…ブルジョア民主主義革命が達成されたのちは、わが党は、我国社会の発展状況に応じ、人民大多数の賛成と支持とを得、かつ人民自身の努力によって平和的、かつ民主主義的方法により、資本主義制度よりも更に高度なる社会制度、即ち人が人を搾取することなき社会主義制度へ発展せしむることを期する。…之が実現にあたっては、党は暴力を用いず、独裁を排し、日本における社会の発展に適応せる民主主義的人民共和政府によって、平和的教育的手段を以てこれを遂行せんとするものである」（『日本共産党綱領集』二〇〇、二〇三頁）

日本共産党は、この大会宣言によって「野坂理論」と呼ばれる平和革命の戦術を明文化し、これが昭和二五年一月にコミンフォルムの批判を受けるまで、日本共産党の基本方針となったのです。しかし、この平和路線を採っている間にも、数多くの過激な暴力事件を敢行していることに注意しなければなりません。

第46問　「五一年綱領」について説明してください

一　「五一年綱領」とは、昭和二六年（一九五一年）一〇月の第五回全国協議会で採択された日本共産党の綱領です。共産党は、「日本の解放と民主的変革を、平和の手段によって達成しうると考えるのはまちがいである」とする「五一年綱領」と、「われわれは、武装の準備と行動を開始しなければならない」とする「軍事方針」に基づいて、中核自衛隊、山村工作隊等の非公然組織を編成し、全国各地で火炎瓶闘争等の軍事活動を展開し、騒擾事件や警察官の殺害等を引き起こしたのです。

二　昭和三〇年七月の第六回全国協議会では、「新しい綱領（「五一年綱領」）が採用されてからのちに起こったいろいろのできごとと、党の経験は、綱領にしめされているすべての規定が、完全に正しいことを実際に証明している」、「わが党の基本方針は依然として新しい綱領にもとづいて、日本民族の独立と平和を愛する民主日本を実現するために、すべての国民を団結させてたたかうことである」などと「五一年綱領」を評価した上で、引き続き綱領として堅持することとしました。

三　「五一年綱領」は、昭和三三年七月の第七回党大会で、新たな綱領（現綱領）が起草されたことに伴い廃止されました。その理由については、〝五一年綱領が「日本の解放の民主的変革を、平和の手段によって達成しうると考えるのはまちがいである」という断定を行って、そのような変革の歴史的・理論的可能性の一切を思想として否定して、言わば暴力革命不可避論で自らの手を一方的にしばりつけるのは、あきらかに、今日の事態に適合しないものとなっている〟と述べています。しかし、〝暴力革命不可避論で自らの手を一方的にしばりつける〟ことが情勢に適合しないと批判しているのであり、暴力革命不可避論そのものを批判しているわけではないことに留意する必要があります。だからこそ、「五一年綱領」を「重要な歴史的な役割を果たした」と評価し、その後、自党の「綱領集」に登載するなど、正規の綱領として扱ったのです。

四　しかし、日本共産党は、昭和四〇年代半ばから国民の警戒心を取り除くために欺瞞宣伝を開始すると、〝五全協は分派が開いたもので、党の正規の会議ではないため、そこで決定された「五一年綱領」も正規の綱領ではない〟と主張したり、「五一年綱領」を「綱領集」から外す措置を採りました。また、平成元年二月の第一八回党大会四中総では、〝「五一年綱領」が革命の移行形態の問題で、Aにあらざれば Bという、つまり平和的方法でできると考えるのは間違いであるといったからといって、すぐそれなら暴力革命以外にないという結論を出したかというと、そうではない〟と、火炎瓶闘争等の軍事活動は「五一年綱領」から導かれたものではないとし、これを擁護しようとも試みています。

五　このように、共産党は、「五一年綱領」に対する批判を避けるため、あの手この手と繰り返した末、平成五年六月二五日付け『赤旗』で、「いわゆる「五一年綱領」という用語の変更について」との声明を載せ、「五一年綱領」は正規の会議で採択された文書ではないとの理由で、今後は「五一年文書」等の用語を使うとしましたが、これまでの経緯をみれば、この用語変更も欺瞞宣伝の一環にすぎないことは明白です。

第47問　「五一年綱領」の採択に至る背景について説明してください

一　昭和二一年に野坂参三が中国（延安）から帰国し、「野坂理論」と言われる「愛される共産党」、「平和革命」を唱え、国民の間に共産党の浸透を図り、共産党ムードを広めました。

この頃は、敗戦直後で国民生活は窮乏を極め、人心の動揺とあいまって社会的不安は全国にみなぎっており、こうした社会的状況は日本共産党の発展にとって絶好の機会であったのです。共産党は、労働組合や農民組合、市民団体等との結束を深めるとともに、ストライキやデモ等の大衆行動を煽動、指導し、党勢の拡大に努めました。その結果、同年四月の衆院選で、二一三万票を得て五人の党員を当選させ、ここに、結党以来初めて、国会に共産党の議席を確保するまでになったのです。

二　その後も日本共産党は党勢を伸ばし続け、昭和二四年一月の衆院選では、約三〇〇万票を獲得し、三五人の党議員を衆議院に送り込みました。そこで共産党は、国内外情勢が革命遂行の上で有利であると判断し、同年六月に「九月革命方針」を決定、〝昭和二四年九月には吉田内閣は潰れ、野党の手に政権が移行し、革命が起こる〟としましたが、結果として、そのような事態には至りませんでした。なお、同年六月から八月にかけて共産党員らによって敢行された広島県下の「日鋼事件」、福島県下の「平市警察署占拠事件」、神奈川県下の「人民電車事件」等は、基本的には「九月革命方針」に基づいて引き起こされたものです。

三　こうした情勢を受け、昭和二五年一月六日、ヨーロッパ共産党、労働者党の情報連絡指導機関であるコミンフォルムは、野坂理論による「占領下平和革命」を、〝帝国主義占領者美化の理論にすぎず、マルクス・レーニン主義とは縁もゆかりもなく、反愛国的、反人民的理論である〟と手厳しく批判しました。これに対し、日本共産党は、同年一月一二日、「政治局所感」で、「日本における客観的並びに主観的条件は、一定の目的を達成するにあたって、ジグザグの言動をとらなければならない状態におかれている」（『日本共産党五〇年問題資料集』五頁）として、目的のためには真意を隠し、嘘をつかなければならないという趣旨の反論を行いました。この「政治局所感」の当否をめぐり党内は、これを主張した徳田球一らの「主流派」（所感派）と、宮本顕治らのコミンフォルム批判を受け入れようとする「国際派」とが激しく対立しましたが、中国共産党の「政治局批判」等により、第一八回拡大中央委員会で、先の「政治局所感」を撤回し、コミンフォルム批判を受け入れる決議を行いました。その後、両派の対立は一時深まったものの、コミンフォルムが主流派を支持したことで、国際派は主流派の軍門に下り、両派が一本となった形で、同二六年一〇月に第五回全国協議会（五全協）を開き、スターリン自ら手を入れた「日本共産党の当面の要求」と題する綱領を採択し、武装闘争方針を決定しました。昭和二六年は西暦で一九五一年であることから、この綱領を「五一年綱領」と呼びました。

第48問　戦後再建された日本共産党は、どのような経緯をたどって現在に至っているのですか。その沿革について説明してください

一　昭和二六年一〇月の第五回全国協議会（五全協）において、暴力革命を規定し、かつ、スターリン自らが手を入れた「五一年綱領」を採択の上、武装闘争方針を決定した日本共産党は、火炎瓶闘争等の軍事活動を全国的に展開し、組織的、計画的な暴力・殺人事件を敢行しました。同年一二月、東京練馬の「印藤巡査殺害事件」を始め、翌二七年の「白鳥警部射殺事件」、「長野県田口村の集団暴力事件」（山村工作隊事件）、「皇居前メーデー騒擾事件」等は、いずれも共産党による武装闘争方針の具体的な実践の現れでした。

二　もっとも、日本共産党による軍事活動に対する国民の反応は厳しく、昭和二七年の総選挙で議席はゼロになりました。こうした中でスターリンが死亡し、また、党内にスパイ、分派の摘発、査問・粛清運動が激しく吹き荒れた後、極左冒険主義への反省と党内統一のため、同三〇年七月に「六全協」を開催し、現在の微笑路線、微笑戦術に転換したのです。

その後、同三三年七月、日本共産党は一一年ぶりに第七回党大会を開きました。共産党は大会前に、新たな情勢に適合した党の綱領を確定するため、綱領と規約を一本にして「党章草案」とし、討議資料としましたが、「我が国は、アメリカの従属国」であるとして、「二段階連続革命方式」を主張

する「党章派」（宮本派）と、「我が国は独立国であり、当面する革命は、社会主義革命である」とする「反党章派」（春日派）が対立し、党大会においても結局まとまりませんでした。

三　第七回党大会以後、日本共産党は大衆闘争に力を入れ、特に昭和三四年から翌三五年にかけての安保闘争を盛り上げ、党勢を拡大しました。一方、綱領問題をめぐって党内対立が激しくなり、紆余曲折を経て宮本派が春日派を追い出した後、同三六年七月に第八回党大会を開催し、宮本顕治の主張した綱領を全員一致で採択しました。その後、多少の字句が改正されたものの、現在の日本共産党も、この時採択された綱領に沿って活動しています。

同三七年には、中ソの国境紛争に端を発した党内対立が激化しました。日本共産党は中国路線を支持するようになり、同三九年の第九回党大会で志賀義雄らのソ連派を党内から排除するとともに「民主連合政府構想」を打ち出し、以降、中国と密接な連携を保っていましたが、同四一年に宮本顕治らが訪中した際、ベトナム戦争に対し「中ソ両国の共同行動」を呼び掛けたところ、中国から痛烈な批判を受けました。これに対し、共産党は同年一〇月、第一〇回党大会を開き、中国派の党員を排除し、「自主独立」路線を採ることとしました。

さらに、同四八年の第一二回党大会では、「民主連合政府」構想を、実践的スローガンになりつつあると位置付けましたが、現実には、進展のない状態でした。その後、平成九年九月の第二一回党大会で「二一世紀の早い時期に民主連合政府の樹立を目指す」とし、以後、その目標を掲げ続けています。

第49問　日本共産党は、過去において多くの暴力的・破壊的な活動を行ったとのことですが、具体的にどのような事件を起こしたのですか

日本共産党は、コミンテルン（世界革命（プロレタリアートの世界的独裁の樹立、社会主義共和国世界連邦）を達成するために闘争する世界共産党）の日本支部として創設され、その目的達成のために過去多くの暴力的破壊活動を行いました。以下、年代順に事件の概要を述べてみます。

一　「二七年テーゼ」（昭和二年に日本共産党が初採択した綱領的文章・ブハーリンが起草）時代

昭和三年の三・一五事件及び翌四年の四・一六事件により大量検挙された後、共産党は、検挙に際して拳銃、短刀等で抵抗する方針を採り、「和歌浦事件」、「川崎メーデー武装蜂起事件」等を敢行し、同五年中だけでも二〇件で二五人の警察官に危害を与えました。

二　「三二年テーゼ」（昭和七年五月に発表した「日本に於ける情勢と日本共産党の任務に関するテーゼ」）時代

(1)　コミンテルンからの資金が枯渇したため、暴力的手段による資金の大量獲得を計画し、昭和七年一〇月に「川崎第百銀行大森支店襲撃事件」を敢行し、現金三万一、七七五円を強奪したほか、「中国銀行岡山本店」への襲撃を計画しました。これらは、「赤色ギャング事件」と言われています。

(2)　昭和八年五月には山本委員長が、同一一月には野呂委員長がそれぞれ検挙され、スパイ介在の

疑いを持った中央委員の宮本顕治らは、同じく中央委員の大泉兼蔵、小畑達夫にその疑いをかけて査問委員会を開き、両人にリンチを加え小畑を殺害しました（共産党リンチ事件）。

(3)　昭和二三年二月に「民主民族戦線」戦術を決定し、同二四年一月の総選挙で三五議席を獲得した共産党は、同年六月に「九月革命方針」を決定し、同年六月から八月にかけて、「横浜人民電車事件」（神奈川）・「日本製鋼広島争議事件」（広島）・「平市警察署占拠事件」（福島）等を引き起こしました。なお、これらの事件は、共産党が「平和革命」の戦術の下で敢行したものです。

三　「五一年綱領」（昭和二六年一〇月、五全協で決定した「日本共産党の当面の要求」）時代

共産党は、昭和二五年六月に勃発した朝鮮戦争に際し「革命の時機が到来」として、同年一〇月、「力には力をもって闘え」という「武装闘争」方針を示し、同二六年二月の「四全協」で「軍事方針」を、また、同年一〇月の「五全協」で「五一年綱領」と「武装行動綱領」（軍事方針）を決定し、「中核自衛隊」、「遊撃行動隊」を全国的に組織しました。さらに、武器製造法を解説した『栄養分析表』等を発行し、全国各地で警察署等に対する火炎瓶投入事件や騒擾事件、警察官に対するテロ事件等暴力事件を展開しました。具体的には、同年一二月の印藤巡査殺害事件（東京）、同二七年一月の白鳥警部射殺事件、同年二月の田口村集団暴行事件（長野）・東大ポポロ事件・蒲田事件（東京）、同年四月の辰野地区警察署等に対する爆破事件（長野）、同年五月の皇居前メーデー騒擾事件（東京）、同年六月の吹田騒擾事件・枚方事件（大阪）、同年七月の大須騒擾事件（愛知）等であり、僅かの期間に数多くの暴力的破壊活動を敢行したのです。

第50問　日本共産党の引き起こした主な事件について、その概要を教えてください（その一）

一　川崎第百銀行大森支店襲撃事件（昭和七年一〇月六日・東京）

コミンテルンからの資金供給が途絶え、また、相次ぐ検挙により、極度の資金難に陥った日本共産党は、暴力的手段による大量資金獲得を計画しました。昭和七年一〇月、共産党資金局幹部数名が川崎第百銀行大森支店襲撃を協議し、同月六日、拳銃を発射して同支店を襲撃の上、三万一、七七五円を強奪しました。事件後、関係者に拳銃を密売した土木請負業者が別件の拳銃密売事件で検挙され、これを端緒に関係者が次々と検挙されました。関係者宅では、拳銃三丁、実弾三〇〇発が押収されています。

二　共産党リンチ事件（昭和八年一二月～同九年一月・東京）

幹部の相次ぐ検挙と転向が続く中、党指導部では、運動の停滞と組織弱体の原因を党内スパイの存在に求め、検挙ごとに互いをスパイ視するなど、党内に疑心暗鬼がまん延しました。こうした中、昭和八年一二月、宮本顕治ら四人は、査問委員会を構成し、大泉兼蔵、小畑達夫両中央委員をアジトに監禁の上、査問することを決定し、両人の手足を針金で縛り上げ、拳銃や斧で威嚇しながら殴る蹴るの暴行を加えました。その結果、抵抗した小畑が宮本らに押さえ付けられ死亡（外傷性ショック死）し、遺体はアジトの床下に埋められました。一方、大泉については、警察官によって救い出されました。その後の捜査で、宮本顕治ら関係者を検挙し、同人らに有罪判決が下りました。

三　平市警察署占拠事件（昭和二四年六月三〇日・福島）

共産党福島県石城地区委員会が宣伝活動用に設置した掲示板について、平市警察署長が占領軍の指令により撤去命令を発したことに抗議して、昭和二四年六月三〇日、同委員会傘下の党員を中心に約五〇〇人の群集が警察署に押し掛け、署長に面会を強要してこん棒を振り喚声を上げて強引に署内に乱入しようとし、これを制止しようとした警察官に殴る、蹴るの暴行を加えたほか、投石等により負傷させるとともに、署内に乱入し、約八時間にわたって同署を占拠しました。さらに、警察官の拳銃を強奪した上、署玄関に二本の赤旗を交差して掲げ、「警察は人民の管理に入った…。この革命は、全国的な革命であり、中共軍も間もなく上陸してくるからここを占拠しているのだ」などと呼号し、警察機能を完全に麻痺させました。

これに対し、警察では、東京、宮城、茨城から応援を求め、延べ二万余人の警察官を動員して事態の鎮圧を図り、被疑者二三一人を検挙、一五九人を起訴、全員有罪となりました。

さらに、共産党は、本事件に先立って隣接の内郷町警察署及び湯本町警察署も同様に襲撃したほか、福島市警察署強訴事件を引き起こしましたが、これらは「九月革命方針」に基づき敢行されたものです。

第51問　日本共産党の引き起こした主な事件について、その概要を教えてください（その二）

一　印藤巡査殺害事件（昭和二六年一二月二六日・東京）

日本共産党は、昭和二六年の「五全協」で決定した「五一年綱領」に基づき、火炎瓶や拳銃等を用いて、警察官の殺害、騒擾事件等の暴力的破壊活動を行いました。本事件も、このうちの一つです。

印藤巡査が勤務する練馬警察署旭町駐在所の管轄内にある小田原製紙㈱には、同二六年七月頃、共産党員の指導する第一組合（従業員組合）が結成され、激しい活動を展開していました。一方で、第一組合に対する批判勢力も生じて第二組合が結成され、双方の対立は、アジビラ合戦（違法貼り紙）や集団暴行事件にまで発展し、治安上からも放任できない状態になっていました。

印藤巡査は、このような状態から労使の紛争をめぐる情報の入手等に努めていました。こうした中、同年一二月七日、暴行傷害事件で第一組合員が逮捕されたことに端を発し、同組合員及び共産党軍事委員会を中心とする勢力は、「印藤に引導を渡せ」、「印藤ポリ公、我々の力をおぼえておけ」等の脅迫ビラを大量に貼り、駐在所へ抗議を行いました。さらに、同月二六日午後一〇時頃、二〇歳位の男が駐在所を訪れ、「今、小田原製紙の横に人が倒れている…」と同巡査を誘い出し、拳銃を奪い殺害しました。捜査の結果、共産党員等被疑者一四人を検挙しました。

二　白鳥警部射殺事件（昭和二七年一月二一日・北海道）

昭和二七年一月二一日午後七時四〇分頃、札幌市警察本部警備課長白鳥一雄警部が、勤務を終えて自転車で帰宅途中の路上で、背後から拳銃で射殺されました。

本事件は、共産党札幌地区委員会が、違法な大衆行動の取締りに従事していた白鳥警部を同党弾圧の急先鋒と目し、権力機関との対決の攻撃目標に選定して同人の殺害を計画、実行したものです。

札幌地区委員会所属の軍事組織である中核自衛隊員らは、札幌市郊外の幌見峠で拳銃の試射を行うなど準備を重ね、同隊員がブローニング拳銃で同警部を射殺しました。その後の捜査で、本事件は、中核自衛隊員らの犯行と判明し、首謀者である札幌地区委員会地下組織の責任者らを検挙しました。なお、実行犯は、いまだに逃亡中です。

三　田口村集団暴行事件（昭和二七年二月三日・長野）

昭和二五年一二月の第一〇回共産党長野県党会議において革命の拠点に指定された長野県南佐久郡下では、共産党中央の指導の下に、東信地区軍事委員会が中心となり、農民のパルチザン（遊撃隊）活動への準備を進めました。こうした中、同二七年二月三日、国家地方警察本部長野県南佐久地区警察署は、共産党追放幹部の立回り、党員と朝鮮人による軍事訓練等に対する視察取締り等のため管内の田口村に署員を配置して内偵中、党員と朝鮮人との合同会議場所を把握しました。その後、その中の一人を職務質問したことに端を発し、三〇数人の党員らが「泥棒だ、泥棒だ」などと呼号しながら、警察官六人に暴行を加え、拳銃等を強奪しました。その後の捜査で被疑者一四人を検挙しました。

第52問　日本共産党の引き起こした主な事件について、その概要を教えてください（その三）

一　皇居前メーデー騒擾事件（昭和二七年五月一日・東京）

昭和二七年の第二三回メーデーは、対日講和条約発効後初めてのメーデーで、日本共産党を始めとする革新系諸団体の気勢は大いに盛り上がっていました。

日比谷公園を解散地とする中部コースに加わった日本共産党員らは、同公園で解散せず、使用禁止となっていた皇居前広場を目指して不法デモに移り、これを阻止しようとした警察部隊に対し、竹槍、こん棒を振るって阻止線を突破し、自動車一九台を破壊するなど暴徒と化し、一気に皇居前広場に殺到しました。暴徒は、これの排除に当たった警察部隊に激しい投石、竹槍、こん棒で突入を繰返し、ついに拳銃を強奪しました。警察側は、暴徒の圧倒的勢力に押され、多数の重傷者を出したため、やむを得ず拳銃を威嚇発射して排除しました。この事件で被疑者六九三人を検挙しましたが、警察官も八三二人が負傷（危篤八、重傷七一）しました。

二　横川元代議士襲撃事件（昭和二七年八月七日・埼玉）

昭和二七年八月七日午後九時二〇分頃、日本共産党の遊撃隊メンバー一三人が、党の活動資金を獲得する目的で、埼玉県比企郡所在の武蔵野銀行取締役、元商工政務次官、元代議士の横川重次（当時五七歳）宅を襲撃し、電話線を切断して外部との連絡を断った後、横川取締役に対し、「金一〇〇万円頂く…貴殿の命を貰う…」旨の脅迫状を付き突けて目潰しを食らわせ、同時に日本刀、短刀等で同人の首、肩、腹、腰を切り付けるなどして瀕死の重傷を負わせた上、家中を逃げまわる同人を捕らえようと追い回し、この間、他の一団は同家裏側の座敷に侵入し、同家の女中（当時一八歳）及び横川取締役の次男（当時二八歳）等を殴打し、両手両足を麻縄で縛り上げ、猿ぐつわをかまし、目隠しをするなどの暴行を行い、金品を強奪しようと屋内を物色しましたが、大型金庫が開かなかったために目的を達せず逃走しました。その後の捜査で、首謀者ら被疑者全員を逮捕しました。

三　トラック部隊事件（昭和三二年八月二二日・東京、大阪）

日本共産党は、昭和二五年のレッドパージにより、多くの職場党員が追放されたため、党組織と財政に致命的な影響が生じました。そこで、党の活動資金を確保するために、元文化部長を隊長とする「トラック部隊」を創設し、企業内にいる党員やその同調者が、これと目を付けた会社を乗っ取り、また、架空の会社を設立し、それを足場に他の会社の製品をだまし取るなどして、膨大な資金の収奪を組織的に行いました。本事件は、同二六年以降、数億円を収奪し、党資金として上納流用した知能的、かつ、悪質な犯罪であり、同三二年八月から警視庁と大阪府警が一斉に摘発しました。なお、本件の取調べから、元在日ソ連代表部員が元文化部長を通じて共産党へ資金援助していた事実も明らかになりました。

第53問　日本共産党の基本的な性格について概説してください

日本共産党の基本的性格を一言で表現すれば、大衆暴力によって革命を遂行するという「暴力主義の性格」、革命によってプロレタリアート独裁の恒久的な権力を確立するという「独裁的な性格」及び我が国での革命を世界革命の一環として国際共産主義勢力との連帯の下に遂行するという「プロレタリア国際主義」の三つの性格を有しています。

日本共産党は、大正一一年七月一五日の党創立以来、今日まで、革命遂行の戦略、戦術、活動スタイル等については変遷を重ねながらも、以上の基本的性格については、一貫して変えていません。これは、日本共産党が我が国でマルクス・レーニン主義（＝科学的社会主義）に基づく共産主義社会を実現することを目的とした革命勢力であることに由来しています。

日本共産党は、同党の規約第二条に「党は、科学的社会主義を理論的な基礎とする」と規定しています。しかし、平成一二年の第二二回党大会で規約の改定を行うまでは、これと併せ、前文に「党の目的は、…人民の民主主義革命を遂行して…社会主義革命をへて日本に社会主義社会を建設し、それをつうじて高度の共産主義社会を実現することにある」として、革命を目指すことを明確に規定していました。

また、綱領は、同一六年の第二三回党大会で、「日本共産党は、労働者階級をはじめ、独立、平和、民主主義、社会進歩のためにたたかう世界のすべての人民と連帯し、人類の進歩のための闘争を支持する」と改定していますが、それ以前の綱領では、「党は、「万国の労働者と被抑圧民族団結せよ」の精神にしたがって…たたかう世界のすべての人民と連帯し、人類の進歩をめざす闘争を支持する」として、共産党が共産主義の本質である暴力性と国際性を持つ革命の党であり、さらに、労働者階級の党であることを、より明確かつ直接的な表現で示していました。

なお、これらの改定は、国民の警戒心を払拭するためのものであり、その本質に何ら変わりはありません。こうした点が、他の政党と本質的に異なるのです。

ところが、日本共産党は、

①「暴力革命が根本原則」などということはない（平成一〇年一一月一日付け『しんぶん赤旗』）

②共産党は議会で過半数を獲得し、適法に革命を行うことを考えている（「極左日和見主義者の中傷と挑発」）

③社会主義社会になっても、反対政党を認め、かつ、活動の自由を保障する（「自由と民主主義の宣言」）

などと宣伝しています。また、共産党のこのような宣伝を鵜呑みにした〝共産党はもはや革命勢力ではなくなった〟などの誤った認識も一部見受けられます。しかし、先述のとおり、共産党が、「暴力革命」や「プロレタリアート独裁」の理論から構成されるマルクス・レーニン主義の本質をいささかも修正していないことに、十分注意する必要があります。

第54問　日本共産党の基本的な性格は、具体的にどこに書かれているのですか（その一）
――マルクス・レーニン主義

一　日本共産党の基本的性格は、同党の規約第二条に、「党は、科学的社会主義を理論的な基礎とする」と明記されています。同党は、昭和五一年七月に開催した第一三回臨時党大会において、当時の不破書記局長が、「党綱領・規約の一部改定についての報告」の中で、「科学的社会主義」は、「マルクス・レーニン主義」と同義語である旨を報告しています。よって、「科学的社会主義を理論的な基礎とする」とは、「マルクス・レーニン主義を理論的な基礎とする」と同義であり、マルクス・レーニン主義を行動の指針にするということになるのです。

二　マルクス・レーニン主義（以下「ＭＬ主義」という。）とは、一般に、「階級国家観」、「暴力革命論」、「プロレタリアート独裁論」を柱にした革命の理論であるとされています。

(1)　階級国家観

ＭＬ主義は、国家の本質を「階級支配の機関であり、階級が他の階級を抑圧する機関」であるとしています。そして、国家の最も重要な内容が、軍隊、警察、裁判所、監獄等によって構成される暴力装置であり、これが、法律と共に、支配階級が被支配階級を抑圧し、搾取するための道具になっているとしています（日本共産党中央委員会出版局『共産主義読本』九五頁）。

(2)　暴力革命論

国家は、警察、軍隊等による階級抑圧機関であることから、国家の中枢を構成する軍隊、警察等の取締機能を大衆暴力で麻痺させ、粉砕しない限り、権力は奪い取れないとＭＬ主義は主張しています。具体的には、「共産主義者は自分の見解や意図をかくすことを恥とする。共産主義者は、彼らの目的は、既存の全社会的組織を暴力的に転覆することによってのみ達成できることを公然と宣言する。支配階級をして、共産主義革命の前に戦慄せしめよ！」（マルクス・エンゲルス『共産党宣言』大月書店、七四頁）、「ブルジョア国家がプロレタリア国家と交代するのは「死滅」の道を通じては不可能であり、それは通例暴力革命によってのみ可能である。…暴力革命について、まさにこのような見解で大衆を系統的に教育する必要があるということが、マルクス・エンゲルスの学説全体の基礎になっている」（レーニン『国家と革命』三三頁）などの言葉で、暴力革命の必要性を訴えています。

(3)　プロレタリアート独裁論

プロレタリアートの独裁とは、ブルジョア独裁を打ち倒して樹立される労働者階級の権力を意味します。そして、プロレタリアート独裁により、ブルジョアジーの国家権力を打ち倒し、ブルジョアジーの抵抗と反革命の策動を粉砕することなしには、社会主義を実現することはできないとしています。このプロレタリアート独裁論は、ＭＬ主義の革命論の核心を成すものであり、プロレタリアート独裁を否定することは、根本的に誤っているとしています（『共産主義読本』一一六八、一一六九頁）。

第55問　日本共産党の基本的な性格は、具体的にどこに書かれているのですか（その二）
――革命勢力

一　日本共産党は、大正一一年の創立以来、日本における革命の戦略・戦術や活動スタイルについては何度も変更していますが、マルクス・レーニン主義（以下「ML主義」という。）に基づく革命勢力であるという本質・基本的性格は不変です。ML主義に基づく革命とは、単なる政権の交代で共産党政権が誕生するといった政変ではなく、暴力により現存の国家を完全に廃絶し、全く別の国家を打ち立てようとするものです。また、共産党は、大衆暴力によって共産党独裁の恒久的絶対権力を確立することなしには我が国の革命は実現できないとする「暴力主義」、「独裁主義」の性格と、国際共産主義勢力と連帯して世界革命を推進するという「プロレタリア国際主義」の性格を有しています。これは、共産党の本質がML主義に基づく革命勢力であることに由来するものです。

二　日本共産党は、平成一二年一一月の第二二回党大会で同党の規約を改定し、党の目的が規定されていた前文の中から、「人民の民主主義革命」、「社会主義革命」、「共産主義社会を実現」等の言葉を削除し、「真に平等で自由な人間関係からなる共同社会の実現を目指す」との表現に改めました。しかし、ここにいう「共同社会」とは社会主義社会、共産主義社会に他ならず、不破委員長（当時）も改定の報告の中で「終局の目標が利潤第一主義の資本主義をのりこえ、社会主義、共産主義の社会を実現するところにあることを明記した」と説明しています。

また、同一六年一月の第二三回党大会では、同党の綱領を改定し、「現在、日本社会が必要としている変革は、社会主義革命ではなく…民主主義革命である。それらは、資本主義の枠内で可能な民主的改革であるが…」としながら、「日本の社会発展の次の段階では、資本主義を乗り越え、社会主義・共産主義の社会への前進をはかる社会主義的変革が、課題となる」とするなど、綱領、規約が改定されても、同党の革命勢力としての本質が不変であることは明らかといえます。

三　さらに、日本共産党は、ML主義を理論的基礎に、労働者と人民を指導して革命をやり遂げることを目的としており、「革命の戦闘部隊」(『月刊学習』昭和四三年八月号)として、厳格な中央集権と規律が要求されています。共産党は、階級闘争において労働者階級を勝利に導くため、労働者に組織性と規律を教育し、その戦闘力を高める必要があり、そのために、何よりも党自身が組織性と規律を備えた部隊であることが必要なのです。

四　ちなみに、日本共産党は、これまでに、綱領、規約において、「マルクス・レーニン主義」や「プロレタリアート独裁」等ML主義特有の用語を変更するなどしています。しかし、不破議長(当時)が第二三回党大会に向けて綱領改定案を提案した際に、「四二年間の政治的実践によって試されずみ」と述べたように、綱領の基本路線は綱領採択当時から何ら変わっていないのであり、共産党が「敵の出方」論に基づく暴力革命方針を堅持し、現在を革命準備の時期とみて条件づくりのための活動を進めている革命勢力であるという本当の姿を忘れてはなりません。

第56問　日本共産党の基本的な性格は、具体的にどこに書かれているのですか（その三）
――前衛党

一　日本共産党の従前の規約前文では、同党の「前衛政党」としての先進性、指導性を強調する内容となっており、「日本国民の党」という文言はありませんでした。しかし、平成一二年一一月の第二二回党大会での規約改定に伴い、第二条で「日本共産党は、日本の労働者階級の党であると同時に、日本国民の党で…」との表現になりました。

もっとも、前文の後半部分にあった「先進性」については残されており、同党の前衛政党の思想、考えは堅持されています。すなわち、〝共産党が、労働者階級全体と人民に闘いの方向を示し、その先頭に立って闘い、指導する労働者階級の前衛部隊である。そして、労働者階級の最も進んだ部分を組織した前衛部隊である共産党なしには、階級全体を自覚した革命闘争に立ち上がらせ、人民を指導して自分の歴史的使命をやりとげることはできない〟との考えに何ら変わりはないということです（日本共産党中央委員会出版局『共産主義読本』三一一頁）。

二　共産党は、〝労働者階級の政党であり、その前衛部隊であり得る最も重要な保障は、共産党が、マルクス・レーニン主義（以下「ML主義」という。）を指針とする党であること〟との認識を示しています。そしてML主義の理論に導かれることなしには、複雑な階級闘争の情勢を正しく判断して闘いを勝利に導く戦略と戦術を持つこともできないとしています。だからこそ、共産党がML主義で武装されることが必要であり、常にML主義の革命的原則を守ることが不可欠となるのです（前掲、三一四、三一五頁）。

三　「労働者階級の党である…」ということは、共産党以外には労働者階級の党を認めず、共産党以外の組織に対しては、全て説得、教育してその指導下に置くか、敵対の立場に置くことが求められています。つまり、共産党は労働者階級の全体的な利益を代表し得る唯一の組織だとしています。このため、他の政党との関係についても、たとえ社会主義を標榜する政党でも共産党と対等の立場に立つものとみなさず、それに加入する個人を啓蒙、説得し、共産党の立場に立たせるように努め、反共性の強いもの、あるいは相容れないものなどに対しては非難攻撃し、孤立化させようとします。また、労働組合等の組織に対しては、本来、共産党が指導すべき立場にあり、相手方はこれを当然受け入れるべきであるという態度を採っているのです。

四　共産党は、ML主義に基づく革命闘争の中心にあって絶えず革命を指導するという任務を遂行するために、党の組織原則をさながら軍隊のように定めており、そうした組織原則を維持するために党員に厳しい義務を課し、「鉄の規律」を設けています。

第57問　日本共産党の基本的な性格は、具体的にどこに書かれているのですか（その四）
――民主集中制

一　日本共産党は、党規約第三条で「民主集中制を組織の原則とする」と規定しています。民主集中制は、マルクス・レーニン主義党の組織原則であり、レーニンにより定式化されました。レーニンは、共産党の組織原則について、「戦闘的な中央集権的組織」、「秘密活動のいっさいの糸をその手に集中する、このような強力で、厳格に秘匿された組織、必然的に中央集権的となるほかない組織」（『なにをなすべきか』レーニン全集第五巻五一一、五一三頁）でなければならないとしました。すなわち、共産党の組織原則は、革命闘争を行う上で最も機能的な中央集権体制にほかならないのです。さらに、レーニンは、一九二〇年（大正九年）に発表した『インターナショナルへの加入条件』で、「共産主義インターナショナルへ所属する党は、民主主義的中央集権制の原則にもとづいて建設されなければならない」などと、民主集中制を世界各国の共産党における組織原則としました。なお、日本共産党は、平成六年七月の第二〇回党大会の規約改定で、「民主主義的中央集権制」を「民主集中制（民主主義的中央集権制）」に改め、一二年一一月の第二二回党大会では、「（民主主義的中央集権制）」を削除して「民主集中制」のみとしています。

二　また、第二二回党大会で、民主集中制に関する規定について、「少数は多数にしたがい、下級は上級にしたがい」、「（分派活動を行うことは）党を破壊する最悪の行為である」（以上旧規約前文）、「党の決定は、無条件に実行しなくてはならない。個人は組織に、少数は多数に、下級は上級に、全国の党組織は、党大会と中央委員会にしたがわなくてはならない」（旧規約第一四条）としていたものを、「党の意思決定は、民主的な議論をつくし、最終的には多数決で決める」、「決定されたことは、みんなでその実行にあたる」、「すべての指導機関は、選挙によってつくられる」、「党内に派閥・分派はつくらない」、「意見がちがうことによって、組織的な排除をおこなってはならない」と改定しました。

しかし、①分派に関する規定の文言を変更したものの、分派禁止であることに変わりはない、②党外への意見発表禁止の規定を、「中央機関の意見に反して、下級組織とその構成員は、勝手にその意見を発表したり、決議してはならない」（旧規約第二一条）、「党の内部問題は、党内で解決し、党外にもちだしてはならない」（旧規約第二条八項）から、「党の決定に反する意見を、勝手に発表することをしない」（現規約第五条五項）、「党の内部問題は、党内で解決する」（現規約第五条八項）と改定したが、実質的に変わっていない、③指導機関自身が候補者を推薦するという選挙の仕組みに変わりがない、などの点から、民主集中制の担保規定に変化がなく、よって民主集中制そのものにも変化がないことは明白です。

三　このように、日本共産党の「民主集中制」は、一旦党の指導部で多数派を形成してしまえば、決して覆されることはない仕組みとなっています。そして、これこそが、日本共産党の指導者が長期にわたってトップであり続けることを可能ならしめているといえます。

第58問　日本共産党の基本的な性格は、具体的にどこに書かれているのですか（その五）
――プロレタリア国際主義

一　日本共産党は従前、規約の前文で「万国の労働者、被抑圧民族団結せよ」と規定していましたが、平成一二年一一月の第二二回党大会において前文の全てを削除しました。また、従前の綱領で「党は、「万国の労働者と被抑圧民族団結せよ」の精神にしたがって…たたかう世界のすべての人民と連帯し…」と規定していたものを、同一六年一月の第二三回党大会において「日本共産党は、労働者階級をはじめ、独立、平和、民主主義、社会進歩のためにたたかう世界のすべての人民と連帯し、人類の進歩のための闘争を支持する」としました。

しかし、表現に違いはあるものの、同党がマルクス・レーニン主義＝科学的社会主義を理論的基礎とする限り、同党がプロレタリア国際主義の政党であることに変わりはありません。

日本共産党は、昭和四一年七月の第一〇回党大会で、「自主独立」という言葉を多用し、同党があたかも国益を擁護し、民族感情を尊重した対外政策を主張しているかのように宣伝していますが、同四五年七月の第一一回党大会での「党は、今後とも、プロレタリア国際主義と真の愛国主義とを統一した自主独立の立場を堅持し、大国主義者的干渉の克服と血のかよった国際連帯のため奮闘するものです」との報告から、同党における「自主独立」が、「プロレタリア国際主義と真の愛国主義とを統一した立場」であり、一般国民の考えるそれと異なることは明白です。

二　共産党におけるプロレタリア国際主義とは、諸国の共産党が共通かつ究極の目標とする世界革命のための国際共産主義運動を相互に連帯、支援し、発展させる立場であり、また、真の愛国主義とは、資本主義国にあっては、自国の革命を遂行して人民を解放することであるとしています。

そして、社会主義国が社会主義建設を発展させて国力を充実することは、その分だけ、資本主義諸国の革命闘争を精神的、物質的に支援できる条件を拡大強化することになり、資本主義国の共産党が自国の革命を遂行することは、その分だけ、世界革命を前進させることになるとしています。

三　したがって、「プロレタリア国際主義と真の愛国主義を統一する」立場とは、社会主義国の共産党は社会主義建設を進めることによって資本主義国の共産党に対する支援を増大し、一方、資本主義国の共産党は社会主義国における社会主義建設がやりやすい国際環境を創り出すために奮闘すると同時に自国の革命闘争を前進させる。こういう相互連帯・相互支援によって、世界革命闘争全体を発展させる立場であるということになります。

四　この「立場」については、第一一回党大会における報告で、「すべての国の共産党が、それぞれの規模で勝利的にたたかうということ、そしてそのなかで正しい相互支援をするということこそ、プロレタリア国際主義の核心であるということは、うたがう余地がありません」として、さらに、第一四回党大会でも、「わが党がめざしている社会主義への道を、世界的な視野で位置づけて…日本の革命運動がこの世界史的過程の有力な部分をになっている…」として、それぞれ言及されています。

第59問 「綱領」とは何ですか、説明してください

一 日本共産党は、〝一般に綱領とは、政党や政治集団又は大衆団体等が、その集団の目標・要求・任務等を定めているもので、その集団にとって最高の文書となるもの〟としています。また、共産党の綱領については、〝マルクス・レーニン主義の理論をその国の具体的な歴史的条件に当てはめて、労働者階級とその前衛である党の闘いの終局目標と当面の任務、それを達成するための活動の性格や方向を規定する最も重要な理論的・政治的文書〟であるとしています。そして、「終局目標」は「共産主義社会の樹立」であり、それを実現する社会主義革命・労働者階級の権力（＝プロレタリアート独裁）の確立となります（『月刊学習』昭和六一年七月臨時増刊号一一頁、同四三年七月号一一頁）。

二 しかし、共産主義社会の樹立といっても、すぐにできるわけではありません。したがって、綱領には、この終局目標に行き着くための「当面の任務」も定められています。共産主義社会に向かう途上で、まずなさなければならない目標と党の中心任務、革命の主要な「敵」と「同盟者」、「当面の具体的諸要求」を規定しているのです。「当面の具体的諸要求」を「行動綱領」ともいいます。

三 共産党の「敵」は何でしょうか。綱領では、「異常な対米従属と大企業・財界の横暴な支配」を打破することが必要とされています。つまり、アメリカと大企業・財界こそ打ち倒さなければならない「敵」なのです。「同盟者」、すなわち革命を推進する勢力は、「社会主義への前進の方向を支持

するすべての党派や人びと」といえます。「当面の具体的諸要求」については、日米安保条約の廃棄、大企業に対する民主的規制等綱領の第四章に列挙されています。これらの要求項目は、「当面の任務」であり、終局目標ではありません。

四　レーニンは、綱領を「結束した、単一のたたかう旗印」と述べています（『月刊学習』昭和四三年七月号三頁）。日本共産党の「すべての政策と方針」は、この綱領に基づいて、情勢に応じて、それぞれの分野に具体化したものです。つまり、共産党が主張する政策や提言は、全て綱領に基づいているのであり、共産党は、綱領を〝最も重要な理論的・政治的文書〟としていることから、共産党員にとって、綱領に優先する理論的・政治的文書はないことになります。

五　日本共産党は、「綱領は社会発展の法則を日本に具体化したもの」であり、労働者階級と人民の理解と支持を得られるものとしています（『科学的社会主義（下）』九頁）。つまり、綱領は、共産党員にとって重要な文書であるだけでなく、全ての労働者と人民にとっても重大な意義を持つものとしているのです。すなわち、〝現在の社会を根本から変えれば、搾取から解放される〟という共産党の主張を国民に植え付けることを企図しているといえましょう。

日本共産党は、平成一六年一月の第二三回党大会で、昭和三六年七月の第八回党大会で採択した綱領の五回目の改定を行いましたが、綱領の基本路線は何も変わっていません。日本共産党の綱領の理解を深めるには、昭和三六年当時の綱領を読んでみることも必要でしょう。

第60問　「規約」とは何ですか、説明してください

一　日本共産党は、規約について、「党の基本的な性格と任務をしめすと同時に、党が、プロレタリア革命党にふさわしい組織であるために、つまり、日本革命を勝利させることのできる党組織であるために、どうしても必要な組織上の原則をしめしたもの」としています。共産党とその党員にとって、規約は、綱領と共に「もっとも重要でもっとも基本的な文書」とされています（『月刊学習』昭和四三年八月号三頁）。

二　日本共産党は、「たんなる思想団体ではなくて革命をめざす戦闘部隊」です。綱領が整っていたとしても、「全党が一致団結して機敏に、戦闘的に行動できる組織上、実践上の統一と団結が必要であり、どんな敵の攻撃にも破壊されない強靱な組織」でなければ、革命は達成できないとしています。つまり、規約とは、綱領を実現するためにあり、党の組織を統一するための組織上の原則を示したものであるといえます。また、昭和三三年七月の第七回党大会の「規約改正についての報告」では、〝規約とは一体なんであるか？　…これは、プロレタリアートの歴史的任務を遂行するに当たって、共産党が党の統一を確保し、そして党生活や党建設のレーニン主義的な基準を規定したものであって、これのみが我々の行動、党全体の活動や生活を規定するただ一つのものであるということである〟としているように、規約は、党員の生活までも規定するものなのです。

三　これら規約に関する基本的な趣旨を念頭に、日本共産党の規約には、共産党がどのような性格の党であるのか、共産党員に必要な資格と条件は何か、党の組織はどのように組織され、運営されるのか、党員相互の関係や党員と党組織、指導機関との関係はどのような原則に基づいているのか、党員はどのような権利と義務を持つのか、支部の任務とは何か、などについて記されています。

四　様々な規定の中で、特に重要なものを挙げてみましょう。第二条に「党は、科学的社会主義を理論的な基礎とする」と定めています。科学的社会主義とはマルクス・レーニン主義のことです。「理論的な基礎」とは、旧規定では「行動の指針」とされていましたが、昭和四五年七月の第一一回党大会で、用語を変更したものです。その理由について、「エンゲルスが「理論は教条ではなく行動の指針である」といった言葉の意味を今日の時点でいっそう明確にし具体化したもの」（昭和四五年五月二四日付け『赤旗』）と説明していますが、いずれにせよ、日本共産党にとって、マルクス・レーニン主義こそ「行動の指針」であることに変わりはありません。

五　このほかで特に重要なのは、民主集中制に関する規定です。旧規定の「党の決定は、無条件に実行しなくてはならない。個人は組織に、少数は多数に、下級は上級に、全国の党組織は、党大会と中央委員会にしたがわなくてはならない」を読めば分かりやすいでしょう。また、組織を統一することが規約の目的ですから、党内に派閥や分派を作ることは認められません。さらに、日本共産党の基礎組織である支部にのみ「任務」が規定されているように、下級にとって厳格な規定が多いのも特徴です。

第61問　日本共産党は、我が国の現状をどのようにみているのですか（現状規定）

一　日本共産党にとって現状規定とは、日本で革命を行う立場から、我が国の支配階級の権力構造や支配構造を明らかにするもので、綱領の戦略方針ともなる最も重要な部分です。宮本顕治は、『日本革命の展望』の中で、「わが国の現状をどう規定するかということは、革命の展望を決定する最重要の根拠である」（三二四頁）としています。また、〝党は、革命の展望と課題を決めるに当たって、我が国の現状を科学的に分析し、その特徴をはっきりつかむことから出発します。我が国の具体的な社会的条件についての全体的な分析から当面する日本革命の主な敵、任務、推進力、性格、その前途といった、綱領上の根本問題が明らかになってきます。現状を正しく把握することが、綱領問題を解決し、革命の全ての問題をはっきり理解するための出発点となり、よりどころとなります〟（『月刊学習』昭和五二年六月号一一頁）とも述べています。

二　現綱領における現状規定は、平成一六年一月の第二三回党大会で改定されました。改定前の現状規定は、①「現在、日本を基本的に支配しているのは、アメリカ帝国主義と、それに従属的に同盟している日本の独占資本である」、②「わが国は、高度に発達した資本主義国でありながら、国土や軍事などの重要な部分をアメリカ帝国主義ににぎられた事実上の従属国となっている」としていましたが、このうち基礎となる規定は②であるとして、同大会では、②を現綱領の現状規定としました。

②は、日本がアメリカの「事実上の従属国」であるという、いわゆる従属国規定で、基本的には昭和三六年七月の第八回党大会での綱領採択以来、一貫した現状認識となっています。

一方、①については、現状規定から外しています。①は、「アメリカ帝国主義」と「日本独占資本」という、「二つの敵」（文言は第二〇回党大会で削除）と言われる打倒目標が示されていた部分です。改定により、「二つの敵」に関する部分は、対米従属の現状を規定した部分（綱領第二章第五節）と、日本独占資本主義を規定した部分（同第六節）に分けられ、また、「日本独占資本」については、経済体制は「日本独占資本主義」に、階級的な政治支配は「大企業・財界」にそれぞれ用語が使い分けられました。しかし、綱領第二章第六節に、「国内的には、大企業・財界がアメリカの対日支配と結びついて、日本と国民を支配する中心勢力の地位を占めている」、同第四章第一一節に、「現在、日本社会が必要としている変革は、社会主義革命ではなく、異常な対米従属と大企業・財界の横暴な支配の打破――日本の真の独立の確保と政治・経済・社会の民主主義的な改革の実現を内容とする民主主義革命である」とあるように、「アメリカ帝国主義」と「日本独占資本」は、「対米従属」と「大企業・財界」にそれぞれ用語を変え、日本を支配している勢力、すなわち革命における打倒目標として引き続き存続しており、「二つの敵」の中身としては実質的に変化はありません。

三　日本共産党の綱領では、現状規定、すなわち日本共産党が日本の現状をどう認識しているかを土台として、革命への戦略、戦術を導き出しているため、現状規定が変わらなければ、革命への道筋、手段・方法も基本的には変わらないということになります。

第62問　日本共産党は、どのような道筋で革命をやろうとしているのですか（二段階革命論）

一　日本共産党は、まず、民主主義革命を行い、その後、社会主義革命を行うことで社会主義日本の実現を目指すという、二段階革命論を採っています。

二　綱領の解釈本『日本革命の展望』では、「社会主義革命の任務と民主主義革命の任務を同時にやるのだとか、あるいは民主主義をへないで直接反独占社会主義革命をやるのだ、というように問題を提起することは、わが国の場合あらゆる点からみて正しくありません。…このような戦略構想の致命的なあやまりは、…凶悪なアメリカ帝国主義の支配を、人民権力によって排除する展望をもたず、また、その支配の排除を戦略目標として一貫した革命闘争をおこなわないことであります。それは、結局アメリカ帝国主義の支配、侵略的本質を過小評価する日和見主義的な路線にならざるをえません。さらにまた、…アメリカ帝国主義の駆逐の保障なしに、反独占の社会主義革命にすすむ立場にたつわけですから、冒険的な左翼日和見主義的な路線におちいらざるをえません」（一二〇頁）と説明しています。また、平成一六年一月の第二三回党大会で採択された現綱領では、「現在、日本社会が必要としている変革は、社会主義革命ではなく、異常な対米従属と大企業・財界の横暴な支配の打破――日本の真の独立の確保と政治・経済・社会の民主主義的な改革の実現を内容とする民主主義革命である」（第四章第一一節）とし、「日本の社会発展の次の段階では、資本主義を乗り越え、社会主義・

共産主義の社会への前進をはかる社会主義的変革が、課題となる」（第五章第一五節）としています。

三　日本共産党が昭和三六年七月の第八回党大会で採択した綱領では、「独占資本主義の段階にあるわが国の当面の革命はそれ自体社会主義的変革への移行の基礎をきりひらく任務をもつものであり、それは、資本主義制度の全体的な廃止をめざす社会主義的変革に急速にひきつづき発展させなくてはならない。すなわちそれは、独立と民主主義の任務を中心とする革命から連続的に社会主義革命に発展する必然性をもっている」とし、「二段階連続革命論」と呼ばれました。宮本書記長（当時）は、同三二年一二月の全国書記会議でこの二つの革命を「一つの鎖の二つの環、単一の革命過程の二つの段階とよぶこともできよう」と報告しています。

四　日本共産党がこのように当面の革命が「民主主義革命」になると強調するのは、この戦略が共産党のいう「多数者革命」、「強力で広大な統一戦線」に、より多くの国民を集めることができるからです。この点について、共産党は、〝我が国の革命を民主主義革命と定めることは、国民の諸闘争の発展にとって極めて重要な意義を持っている。それは、これによって国民の様々な要求に基づく闘いが、…社会主義に賛成するに至らない人たちも含めて広範な人々の力を結集して発展することが保障されるからだ。もし、当面する革命を社会主義革命とみるなら、…社会主義を支持する人たちの力だけしか結集することができなくなる〟としています（『月刊学習』昭和五六年八月号三四頁）。つまり、民主主義革命と定めることにより、社会主義を支持する人もそうでない人も含めて、国民の圧倒的多数を結集できるとみているのです。

第63問　「統一戦線」とは何ですか、説明してください

一　統一戦線戦術とは、日本共産党が、革命の勢力基盤として、共通の政治目標を有する政党、労働組合、大衆団体等、広範な人民大衆を結集し、政治的な闘争組織である統一戦線を形成する戦術です。

日本共産党が、現綱領路線の下、日本社会党との共闘、「平和・民主・革新の日本をめざす全国の会（全国革新懇）」、「非核の政府を求める会」、「消費税をなくす全国の会」の結成等、各種統一戦線の形成に力を入れてきたのは、昭和二六年一〇月の第五回全国協議会で採択された「五一年綱領」の下での「極左冒険主義」の反省に基づいています。

二　現綱領では、「民主主義的な変革は、労働者、勤労市民、農漁民、中小企業家、知識人、女性、青年、学生など、独立、民主主義、平和、生活向上を求めるすべての人びとを結集した統一戦線によって、実現される」（第四章第一三節）、「日本共産党は、社会主義への前進の方向を支持するすべての党派や人びとと協力する統一戦線政策を堅持し、勤労市民、農漁民、中小企業家にたいしては、その利益を尊重しつつ、社会の多数の人びとの納得と支持を基礎に、社会主義的改革の道を進むよう努力する」（第五章第一六節）と規定し、統一戦線戦術を堅持しています。

三　日本共産党の統一戦線戦術は、まず、最大の敵であるブルジョアジーを倒すために、農漁民、

中小企業家等の小ブルジョアを含んだブルジョアジー以外のできる限り多くの階層を統一戦線に結集し、ブルジョアジー打倒後は、中小企業家を、あるいは農漁民をといった形で、敵の力を分断し、一つ一つ倒して最終的な勝利を目指すというものです。

こうした統一戦線戦術における日本共産党の狙いについて、綱領の解釈本である『日本革命の展望』では、「当面の統一戦線の性格は民主主義的なものだが、それが発展して権力をとるときは、社会主義革命の始まりなんだ、というように飛躍することは、論理的にも矛盾した考え方です。戦略戦術の原則からみても、主要な矛盾がうみだす一定の要求にもとづいて味方の力を最大限に結集し、敵を最小限に孤立させなくてはなりません。日本の場合いまは反帝反独占の民主的な要求で大衆を結集するが、権力をとったときには、その権力はプロレタリア独裁の権力だという立場にたつならば、結集できる大衆を離反させ、革命闘争を混乱にみちびき、革命を失敗させることになり、実践的にも破綻します。したがって、日本の革命の過程は、反帝反独占の民主主義革命を遂行し、それを社会主義革命へ発展、転化させるという、二つの革命段階を連続的にすすむ路線をすすまなくてはなりません」（二一九頁）と述べています。

四　このように、日本共産党は、革命は労働者階級だけの力で実現できるものではないとのスタンスに立って統一戦線戦術を堅持しています。そして、今でも、〝統一戦線を重視する立場は綱領路線の重要な一環である〟（平成一九年一一月二九日付け『しんぶん赤旗』）として、統一戦線の結成と強化を図ろうとしています。

第64問　「労農同盟」とは何ですか、説明してください

一　日本共産党は、革命を目指す労働者階級にとって、広範な人民諸階級、階層を結集することが革命の勝利の条件であるとし、広範な人民大衆への指導権を労働者階級が握り、労働者階級とその他の勤労人民との同盟をつくり上げることが必要だとしています。同盟関係を築いても、指導権はあくまで労働者階級が握るとしていることに注意する必要があります。そして、労働者階級の前衛党は共産党ですから、結局は、共産党が主導権を持つことになります。

二　その前提に立った上で、日本共産党は、決定的に重要な意義を持っているのは農民の動向だとしています（日本共産党中央委員会出版局『共産主義読本』二八五頁）。農民は、経済的な発展の遅れている国ではもちろん、発達した資本主義国にあっても、労働者階級を除けば、人口の中で最も多数を占めている階層だとしています。したがって、農民が労働者階級と共に革命の側に立つか、それとも反動的支配階級に引き付けられるかが、革命を大きく左右することになるとしています。

三　日本共産党は、農民が労働者と同じように勤労者であり、労働者と同じ支配階級の抑圧と搾取を受け、最も貧しい生活を強いられており、現状の変革を求める強い革命性を持っているとしています。そして、労働者階級と農民が同盟し、共同して革命に立ち上がることが必要であり、それは必ず可能であるとしているのです。農民にとっても、自分だけの力では現状を変革して自己を解放するこ

とはできず、労働者階級との共同の闘いによって初めて、農民自身の根本の利益を守ることができるとしています。

四　こうした日本共産党の考え方はレーニンの見解と合致するものです。レーニンは、「民主主義のための首尾一貫した闘士になれるのは、プロレタリアートだけである。プロレタリアートが民主主義のための勝利の闘士となれるのは、農民大衆がプロレタリアートの革命闘争に合流する場合だけである」（『ソ連共産党史』一三三頁）、「プロレタリアートは、実力で専制の抵抗をおしつぶし、ブルジョアジーの動揺性を麻痺させるために、農民大衆を味方につけて民主主義的変革を最後まで遂行しなければならない」（前掲、一三八頁）と、農民を革命側に獲得することの重要性を説いています。

五　同盟の相手として重視する一方で、日本共産党は、農民には「弱点」があるとしています。すなわち、農民が、「私有財産への執着や支配階級への幻想をもちやすく、また視野がせまく、将来への科学的な見通しがもてず、動揺しやすい小生産者であるという社会的地位にある」（『共産主義読本』二八六頁）としています。一部には、労働者と共に強力な闘争に立ち上がっている農民がいるが、依然として農村が自民党の最も広範な地盤となっていることがその証左だというのです。

「労農同盟」というと、労働者階級と農民が対等の関係にあるかのようですが、そうではありません。農民には「弱点」がある以上、指導権は労働者階級が持たねばならないからです。労農同盟は、労働者階級が権力を獲得するための闘争における同盟軍の問題ですが、これは派生的な問題であり、根本は、主導権をとること、すなわちプロレタリアート独裁の問題ともいえるのです。

第65問　「民主連合政府」について説明してください。また、この政府の革命における位置付けはどうなのですか

一　民主連合政府とは、「現行憲法のもとで、革新三目標、すなわち日本の主権と安全、平和・中立、政治的民主主義と経済的民主主義という、現段階における国民的目標の実現をめざす、国民生活防衛と民主的改革の政府である。この政府は、革新統一戦線を構成する諸政党と政治勢力が一致して作成する共同綱領にもとづき、一致して承認する国民的諸政策のみを実行する」（第一二回党大会「民主連合政府綱領についての日本共産党の提案」）としています。

日本共産党は、「民主連合政府」こそが、日本社会が必要とする民主主義革命を実行する政府であり、この政府が実行する民主的改革が民主主義革命を成すものであると位置付けています。

二　現綱領では、〝民主主義的な変革は、統一戦線によって実現される〟、〝国会で安定した過半数を占めるならば、統一戦線の政府・民主連合政府をつくることができる〟、〝日本共産党は、民主連合政府をつくるために奮闘する〟、〝党は、現在の反動支配を打破してゆくのに役立つ限り、さしあたって一致できる目標の範囲で統一戦線を形成し、統一戦線の政府をつくるために力を尽くす〟とし、革新勢力等を幅広く結集することを目的とした「民主連合政府」に、「二段階革命」の中での重要な位置付けを与えています。さらに、第一段階の革命として「民主連合政府」が行う民主主義革命につい

て、〝統一戦線の政府が国の機構の全体を名実共に掌握することが重要な意義を持つ〟、〝民主連合政府は、日本の新しい進路を開く任務を持った政権〟、〝民主主義的な変革によって独立・民主・平和の日本が実現することは、日本国民の歴史の根本的な転換点となる〟と規定しています。

三　このことについて、不破議長（当時）は、綱領改定案の提案報告で、〝民主的改革をなぜ革命と呼ぶのか〟と自問し、〝国の権力を、ある勢力から別の勢力の手に移すことによって、初めて民主的改革を全面的に実行できるようになる。この変革を革命と意義付ける根拠もそこにある〟と述べています。さらに、不破報告は、〝政府を握っただけでは不十分で、国家機構の全体を実際に動かすところまで進まなければ、国の権力を握ったとはいえない〟、〝民主連合政府の成立ということは、多少毛色の変わった政府ができたという程度のことでは、決してない。それだけのことでは済まない、文字どおり、歴史の転換点を成す問題である〟と説明しています。これは、正に「民主連合政府」の成立が、事実上、革命の始まりであることを率直に述べたものです。

四　日本共産党は、『共産主義読本』で、レーニンの「国家権力が一つの階級の手から他の階級の手にうつることが革命の第一の主要な基本的な標識である」を引用しながら、〝革命の根本問題は国家権力の問題〟であり、〝何よりも支配階級の手から国家権力を奪い取り、これを革命的階級が、打倒された階級の反革命を阻止する道具に転化させなければならない〟、〝革命なしに、量的な、漸次的な変化のみによって社会の発展が実現できると考えるのは空想にすぎない〟（九八、九九頁）と説明しています。このように「民主連合政府」の成立は、後戻りのできない社会主義革命への道といえます。

第66問　日本共産党は、「敵の出方」論に立った暴力革命の方針を採っているとのことですが、もう少し具体的に説明してください

一　日本共産党は、〝革命への移行が平和的な手段で行われるよう努力するが、それが平和的となるか非平和的となるかは結局敵の出方によるということは、国際共産主義運動の創造的成果としてマルクス・レーニン主義の革命論の重要原則の一つとなっている〟（『日本革命の展望』三一五頁）として、「敵の出方」論を、暴力革命を必然とする「マルクス・レーニン主義的見地」に立脚する理論であると説明しています。すなわち、「平和的」革命の可能性を提起することにより、革命準備段階で有利な土壌（議会利用、大衆闘争、世論操作等）を醸成しつつ、実質的には暴力革命の形態を採らざるを得ないとする巧妙的かつ欺瞞的な暴力革命方針の一形態と言わざるを得ません。

二　また、「敵の出方」論にいう「敵」については、〝統一戦線政府が樹立されたとしても、自衛隊、警察、さらに在日米軍等の暴力装置を中心に、国家権力の主要部分を握る米日支配層が、この権力を活用して必死の抵抗と反撃を組織しようとせず、選挙の結果に従って簡単に全ての国家権力を人民に引き渡すと考えることは非現実的である〟（「極左日和見主義者の中傷と挑発」）などと述べているように、アメリカ帝国主義とこれに従属する日本独占資本を擁護する在日米軍、自衛隊、警察等が直接的な「敵」であるとするとともに、革命の「平和的」移行の可能性が極めて低いことを、共産党自身

が認めています。そして、〝帝国主義者と反動勢力は、決して自らすすんで権力を譲らないだけでなく、可能な限り権力にしがみつくために、可能な限りの策動を行うもの〟（『日本革命の展望』三一三頁）として、このような「敵」に対して、〝どのような「敵の出方」に対しても対処し得るよう油断しないことが革命党として正しい態度である〟（前掲、三一六頁）として、いつでも「非平和的」移行（武装蜂起）に発展させ得る準備を整えておく必要があると釘を刺しています。

三　しかし、日本共産党は、これら革命の手段・方法を綱領に明示していません。昭和三二年一二月の全国書記会議において、宮本顕治常任幹部会員（当時）は、〝党章の中に平和的移行の可能性について定式化せよという意見が多く出ているが、この面の可能性があるということだけを定式化することは妥当ではない。定式化すれば、どうしても不可能性の問題についても触れなければならなくなるからである。レーニンは、「綱領は、一般に政治権力の獲得のことをのべて、その獲得方法を規定しないのである。というのは、この選択は、われわれが正確に規定することのできない未来にかかっているからである」と述べている。…さらに「綱領」に定式化するのが適切か否かは、単に道理の問題としてだけでなく、解放闘争の大局的な利害の観点からも考慮しなければならない〟（前掲、三五五頁）と述べているとおり、「平和的」移行の可能性を明示することにより、逆に「非平和的」な移行を強調する結果とならざるを得ず、革命闘争を進める上で有利ではないという本音を漏らしています。

第67問　日本共産党のいう革命の「平和的」移行と「非平和的」移行の違いについて説明してください――下司代議員報告

一　昭和三三年七月の第七回党大会で、宮本顕治書記長（当時）は、〝革命への移行が平和的となるか非平和的となるかは結局敵の出方による〟とのいわゆる「敵の出方」論を打ち出しました。「敵」とは、日本共産党のいうところの「支配階級」であり、また、日本共産党が「暴力装置」として位置付ける自衛隊、警察等を指しています。敵の「出方」とは、敵の暴力、すなわち「取締り」のことを指しています。それでは、「平和的」と「非平和的」の違いはどこにあるのでしょうか。

二　昭和四一年一〇月の第一〇回党大会において、下司順吉中央委員会幹部会員は、〝平和的移行、非平和的移行という言葉の持つ概念を明確にしておく必要がある。平和的とは、ただ、おとなしくということではない。また、議会を通じてだけ、いわゆる議会の道ではない。私たちは、議会を革命的に利用しながら、労働者階級を始めとする全人民の壮大、激烈な闘いを進めていく。だから、平和的か、非平和的かということの区別は、おとなしいとか、議会を通じてだけとかいうことではなくて、この革命闘争が、敵の出方によって、武器を用いる流血的な形態を採るかどうかというところに、この両者の区別の基本点がある〟と述べています。

さらに、日本共産党は、〝反動勢力が弾圧機関を武器として人民闘争の非流血的な前進を不可能にする措置に出た場合には、それに対する闘争も避けることができないのは当然である。支配階級がその権力をやすやすと手放すもので決してないということは、歴史の教訓の示すところである〟（『日本革命の展望』二一一、二一二頁）、〝革命は常に社会的強制であるが、必ずしも武装暴力ではない。だから、平和的と暴力的といわずに、平和的と非平和的という方が正しい。武装蜂起なしに、国内戦なしに、反革命の武装的輸出なしに行われる限り、革命は平和的であり、これらの要素のどれかが存在する限り、革命は非平和的である〟（『平和と社会主義の諸問題』昭和三七年五月号四七頁）とも述べています。

三　これらのことから分かるように、日本共産党のいう「平和的」の概念は、我々が考えている概念とは全く違うのです。「平和的」とは、流血的形態に至らない大衆行動のことであり、それが違法であっても関係なく、既存の社会秩序を大衆的な暴力の行使により破壊することを意味します。したがって、国家の統治機能を麻痺させることを狙った政治ゼネスト、職場占拠、無届けの違法デモ等も内戦状態にない限りは「平和的」とみなすのです。

一方、「非平和的」とは、「武器を用いる流血的な形態」、つまり、内乱、武装蜂起による革命の形態であるといえます。そして、日本共産党は、革命が平和的になるか、非平和的となるかは、「敵の出方」次第であるといいながら、本心は、革命は結局、非平和的になる公算が極めて大きいと認識しているのです。それは、マルクス・レーニン主義においては、「平和的」な革命は「極めてまれな可能性」しかないとされているからです（『共産主義読本』二七八頁）。

第68問　日本共産党は、革命が「平和的」に行われるとみているのですか

一　日本共産党は、綱領の解釈本である『日本革命の展望』の中で、〝革命に当たって、可能性の一面だけの予想にとどまることは、やはり根拠がないし、正しくもない。むしろ、二つの可能性を考慮しておくことが闘争を強めることになる。闘争と団結の力によって平和的移行の可能性を拡大し、更に成功するための努力を強調すると同時に、どのような敵の出方に対しても対処し得るように油断しないことが革命党として正しい態度である〟（三一四、三一六頁）と述べています。このように、日本共産党にとって、「平和的」か「非平和的」かは、二者択一の論理ではないのです。すなわち、権力を奪い取れるだけの暴力を準備し、実際に内戦に至った場合には、その革命は「非平和的」であって、準備した暴力を使わずに権力を取れば「平和的」だということです。

二　もっとも、『日本革命の展望』では、革命が平和的となるか非平和的となるかは「敵の出方」次第であるとしながらも、〝レーニン主義が教えているように、また、歴史の経験が証明しているように、支配階級は自ら進んで権力を譲り渡すものではない〟（三一二頁）と述べています。この見解は、昭和四一年一〇月の第一〇回党大会で承認された下司順吉代議員報告においても、〝米日支配層の本質を見抜いていなければならない。それは、支配階級は自ら進んで権力を譲り渡すことは絶対にないということである〟と述べているように、日本共産党は、革命は結局、「非平和的」になるとみ

ているのです。

三　それでは、日本共産党は、革命は必然的に内戦による流血の事態になるとみているのに、なぜ、「敵の出方」論による平和的移行の可能性をわざわざ唱えているのでしょうか。

前出の下司順吉代議員報告では、〝日本で起こり得るいくつかの事態を考えてみると、まず第一には、我が党を先頭とする統一戦線勢力が次第に強力となってきて、米日反動がそれを恐れて、統一戦線政府ができる以前に暴力的な弾圧を加えてきて、人民闘争の非流血的な前進を不可能にする場合が考えられる。第二には、統一戦線政府ができ、それが革命政府に向かって前進するとき、その政府を打倒しようとして反革命勢力が暴力をもって反乱に出るという場合も考えられる。…第一と第二は、革命の非平和的移行の可能性であり、その責任は全て暴力的に出てきた敵の側にある〟と述べています。また、昭和四二年四月二九日付け『赤旗』評論員論文（いわゆる「四・二九論文」）は、〝平和的移行の可能性を提起するに当たって、我々が暴力を使う問題で、それがまず防御的なものであることを明らかにしておくことは、資本主義国の共産党が、この問題で受ける攻撃を避けるのに、政治的に有利である。つまり大衆を結集するのに有利であり、ブルジョアジーを孤立させるのに有利である〟と説明しています。

このように、「敵の出方」論は、自らの暴力革命を正当化し、責任を「敵」になすりつけるための、国民を欺く便法にすぎないのです。日本共産党は、一般国民が同党の党員向け資料を読んでいないことにつけ込んで、暴力革命を覆い隠すため、執拗なまでに巧妙な宣伝を繰り返しているのです。

第69問　「四・二九論文」について説明してください

一　「四・二九論文」とは、昭和四二年四月二九日付け『赤旗』に、「極左日和見主義者の中傷と挑発　党綱領にたいする対外盲従分子のデマを粉砕する」との標題で発表された論文をいいます。

二　日本共産党は、「四・二九論文」について、〝党綱領の路線に攻撃を加えてきた内外の主張に全面的な反撃をした論文で、国会の多数を得て革命を実現するという路線を理論付けたもの〟（平成一五年六月の第二二回党大会七中総）、〝当時、中国共産党指導部は我が国の中国盲従分子を使って、日本共産党に対して「ブルジョア議会主義への転落」等の中傷を加え、「強力革命」や「人民戦争万能論」を押し付ける大国干渉に出た。論文は、この中国の干渉者の主張が、科学的社会主義とは無縁の「反議会主義」、極左冒険主義の路線であることを明らかにした〟（昭和五七年四月三〇日付け『赤旗』）と説明しています。

しかし、同論文では、〝統一戦線政府が適法的に樹立されるという前提そのものが、絶対的なものではない〟、〝支配階級の出方に応じた革命の移行形態の二つの可能性を正しく考慮に入れ、党と労働者階級を革命的精神で武装し、あらゆる「敵の出方」に対して必要な警戒を払いながら、人民の闘争と団結の力によって平和的移行の可能性を拡大し、これを成功させるために真剣に努力するという我が党の綱領の路線こそ、最も正確なマルクス・レーニン主義の革命路線である〟などと述べているとおり、「敵の出方」に注意を払いつつ権力の獲得を追求していくという日本共産党のいわゆる「敵の出方」論に立つ革命路線を明確にしています。そして、この路線を確信を持って進む革命党だけが、敵が暴力を行使して闘争の非平和的形態を押し付けてきたときにも、広範な人民を結集して効果的な反撃をし、いかなる条件の下でも革命運動を正しく前進させることができると説いているのです。

さらに、〝革命を準備する時期に、革命党が力を集中すべき最大の任務は、正しい政治的指導力とプロレタリア的規律を持ち、広範な勤労大衆と結びついた強固な前衛党を建設することであり、労働者階級の階級闘争のあらゆる現れを指導し、社会活動のあらゆる形態、あらゆる側面を利用しつつ、広範な人民大衆を教育し、組織することであり、そして、「ほんとうにすべての階級」、「勤労し資本に抑圧されている人々のほんとうに広範な大衆」が、自分自身の政治的経験を通じて、革命を支持する立場に達するように導くことなのである〟などと、党員に「敵の出方」論を正しく認識し、革命的精神で武装することが正しい革命路線であると説いています。

三　ちなみに、同論文は、発表から既に半世紀近くが経過していますが、不破哲三委員長（当時）が、平成一二年一月三日付けの『しんぶん赤旗』で、〝今、改めて昭和四二年の「四・二九論文」を読み直してみると、マルクス、エンゲルスの革命論の基本点を間違いなく押さえてある〟と述べ、今なお現代に通じるものとして高く評価していることからも、日本共産党の暴力革命の方針は何も変わっていないといえます。

第70問　日本共産党がいう「非核の政府」とは、どのような政府なのですか

一　「非核の政府」とは、日本共産党の宮本顕治議長（当時）が、昭和五九年一〇月の第一六回党大会九中総において、〝「非核三原則」を奇弁で踏みにじっている中曽根内閣への全国民的な批判によって、この核を好む政府、好核政府を非核の政府に取り替えることが、日本国民の神聖な義務であり、責任である〟などとして提唱したものです。その後、同年一二月一日の日本共産党国会議員団総会で、宮本議長は、「非核の政府」について、綱領の「一定の条件があるならば、民主勢力がさしあたって一致できる目標の範囲でも、統一戦線政府をつくるためにたたかい」と述べている箇所を引用しつつ、「非核の政府は民主的な統一戦線の一種ないし接近である」として、綱領上の位置付けを行いました。

二　昭和六〇年一一月の第一七回党大会で共産党は、「非核の政府」について、五項目（①核戦争阻止、核兵器の緊急廃絶、②非核三原則の厳守、③日本を核戦場化に導く一切の措置に反対、④被爆者への国家補償、⑤原水爆禁止世界大会の積極的伝統を生かしての国際連帯）を実現する政府であると具体的に示すとともに、「わが党をふくめこの五項目に賛同する思想・信条を問わない広大な戦線を形成し、好核中曽根政府の打倒と非核の政府の実現をめざす」としています。

さらに、「各種の世論調査にもあらわれているように、被爆国日本の国民の、核兵器と核戦争への

不安は、支配階級のいかなる世論操作によってもおさえがたいほど、広範・深刻なものである。この広大な世論を、上述の単純明快な五つの目標のもとに広範に結集して非核・平和の戦線をつくり、非核の政府を実現することは、今日の情勢のもとで実現の可能性をもつ、きわめて重要な任務である。党は、非核・平和の強大な戦線とそのうえにたつ政府の具体的展望を、新たに、広範な国民によびかけ、その実現にむかって奮闘するものである」（決議）として前面に押し出しました。また、同六二年一一月の第一八回党大会でも、〝「非核の政府」の問題の新しい具体化を進めるため、平和と安全を願う全ての人々が賛同できる五つの目標（前述と内容は同様）を掲げ、…「非核の政府」の運動を急速に発展させることは、日本国民に課せられた緊急の任務である〟として、引き続き「非核の政府」樹立に向けた取組を強化していくとしました。

三　こうした中、宮本議長は、昭和六一年一月、全国革新懇代表世話人会との懇談で、〝非核政府を望む会というような、共同の組織としての広範な戦線をつくる必要がある〟と提唱するとともに、「非核」で特別の戦線をつくり上げる必要と条件が国民の中にあることを強調し、同年五月一九日には、宮本議長が常任世話人の一人となって「非核の政府を求める会」を結成しました。

「非核の政府を求める会」のホームページでは、〝①「世論喚起」、②「会の声明・見解などをつうじた政策提言」、③「日本政府にたいする要請・抗議」、④「非核自治体運動促進のための活動」、⑤「国際連帯など」の「非核五項目」の課題を実行する非核の政府の実現を目指す非政府組織である〟とし、平成二四年六月現在では、日本共産党の笠井亮衆議院議員が常任世話人の一人に就いています。

第71問　日本共産党員としての権利と義務にはどのようなものがあるのですか

一　規約第五条において党員の権利と義務について規定していますが、その内容は次のとおりです。

(1)　市民道徳と社会的道義をまもり、社会にたいする責任をはたす。
(2)　党の統一と団結に努力し、党に敵対する行為はおこなわない。
(3)　党内で選挙し、選挙される権利がある。
(4)　党の会議で、党の政策、方針について討論し、提案することができる。
(5)　党の諸決定を自覚的に実行する。決定に同意できない場合は、自分の意見を保留することができる。その場合も、その決定を実行する。党の決定に反する意見を、勝手に発表することはしない。
(6)　党の会議で、党のいかなる組織や個人にたいしても批判することができる。また、中央委員会にいたるどの機関にたいしても、質問し、意見をのべ、回答をもとめることができる。
(7)　党大会、中央委員会の決定をすみやかに読了し、党の綱領路線と科学的社会主義の理論の学習につとめる。
(8)　党の内部問題は、党内で解決する。
(9)　党歴や部署のいかんにかかわらず、党の規約をまもる。

⑽　自分にたいして処分の決定がなされる場合には、その会議に出席し、意見をのべることができる。

二　日本共産党は、平成一二年一一月の第二二回党大会で規約を全面改定し、党員の権利と義務について前述のように規定しましたが、その条項から同党の特異な組織原則がうかがえます。

例えば、第五条⑵の規定は、反党活動を禁止するものです。また、同条⑸は、決定の無条件実行と党外への反対意見発表の禁止を規定しています。同意できないのに決定に従わなければならない理由について、日本共産党は機関誌『月刊学習』（昭和三九年八月号）で次のように説明しています。

○「同意できないときは、党はいつまでも討論をくりかえしている討論クラブではないのですから、一定のところで討論をうちきり、意志と行動を統一し、敵とたたかわなくてはなりません。そのときは、反対意見者も決定にしたがい、決定のたちばで意志を統一し、全党の同志とともにその実行にとりくむことが、たたかう党として必要なことであり当然の義務です」（六〇頁）

三　さらに同条⑻は、党内の反対意見者を封じ込め、あるいは党外へ追放するための規定といえます。

このように、「党の統一と団結」を最重視する同党では、党員の権利と義務について、民主集中制を組織原則とし、反党活動の禁止、決定の無条件実行、党外への反対意見発表の禁止及び反対意見の封じ込めなど、非民主的ともいえる規定を設けているのです。

第72問　日本共産党の組織原則は、民主集中制ということですが、具体的にはどのような組織になっているのですか

一　日本共産党の組織は、「党大会」を頂点としたピラミッド型を形成しており、規約第三条に、「党は、…民主集中制を組織の原則とする」と規定しています。この民主集中制とは、「決定されたことは、みんなでその実行にあたる」（同条⑵）という組織原則であり、中央の党機関の指導の下に、全党が統一した方針で、統一した活動を行うよう仕組まれているのです。

かつての規約に盛り込まれていた、「無条件に実行」や「下級は上級にしたがう」などの過激な表現は、第二二回党大会で削除されましたが、分派の禁止や党外への意見発表の禁止等に変化はなく、民主集中制を支える実質の制度は何ら変わっていません。

二　党組織における最高機関は、党大会です。そして、党大会において選出されたメンバーによって構成された「中央委員会」が、次の党大会までの間、党大会の決議事項を実施し、党の全活動を指導していくのです。この下に「幹部会」や「常任幹部会」、「書記局」等、日常の党活動を指導する中央組織が設置されています。この中央組織と、基礎組織との中間に、都道府県単位の党組織と地区組織があり、地域的に党活動を統轄指導しています。基礎組織（支部）は、党活動の末端組織で、職場、地域、学園等にそれぞれ三人以上の党員がいる場合に結成されるものです。

日本共産党組織系統略図

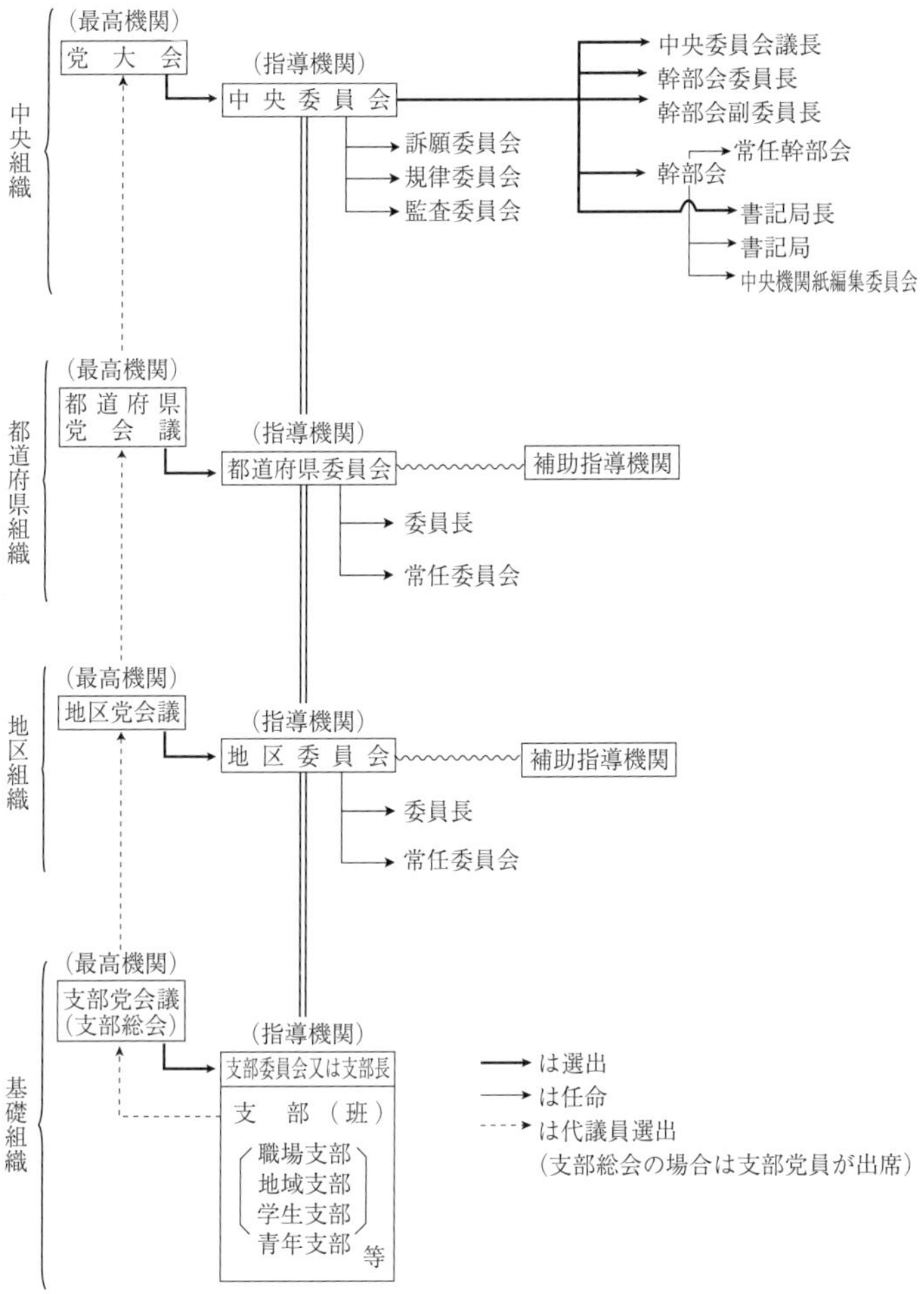
中央組織
（最高機関）
党大会
（指導機関）
中央委員会
中央委員会議長
幹部会委員長
幹部会副委員長
幹部会
常任幹部会
書記局長
書記局
中央機関紙編集委員会
訴願委員会
規律委員会
監査委員会
都道府県組織
（最高機関）
都道府県党会議
（指導機関）
都道府県委員会
補助指導機関
委員長
常任委員会
地区組織
（最高機関）
地区党会議
（指導機関）
地区委員会
補助指導機関
委員長
常任委員会
基礎組織
（最高機関）
支部党会議（支部総会）
（指導機関）
支部委員会又は支部長
支部（班）
職場支部
地域支部
学生支部
青年支部
等
は選出
は任命
は代議員選出
（支部総会の場合は支部党員が出席）

第73問　日本共産党の「党大会」について説明してください

一　党大会の開催

規約第一九条に「党の最高機関は、党大会である。党大会は、中央委員会によって招集され、二年または三年のあいだに一回ひらく。特別な事情のもとでは、中央委員会の決定によって、党大会の招集を延期することができる。中央委員会は、党大会の招集日と議題をおそくとも三カ月前に全党に知らせる。中央委員会が必要と認めて決議した場合、または三分の一以上の都道府県党組織がその開催をもとめた場合には、前大会の代議員によって、三カ月以内に臨時党大会をひらく」と規定されており、同党の最高意思決定機関です。

党大会では、①中央委員会報告の当否の確認、②中央委員会が提案する議案の審議・決定、③党の綱領、規約の改定、④中央委員会の選出が行われます。

二　主な党大会の特徴点

(1)　第七回大会（昭和三三年七月）　「五一年綱領」や「軍事方針」に基づいた暴力的破壊活動からの戦術転換を図るべく、「党章草案」を提案したが、党章派・反党章派が対立し、綱領の採択には至らなかった。この大会で、宮本顕治が中央委員会書記長となった。

(2)　第八回大会（昭和三六年七月）　宮本書記長を中心とした党章派が、大会前に反党章派を除名し、懸案の綱領（共産党が初めて自らの手でつくった現綱領）を採択した。

(3) 第一〇回大会（昭和四一年一〇月）　自主独立路線確立の名の下で、中国共産党からの離脱を内容とする戦術転換を行うとともに、宮本体制の強化・安定を図った。

(4) 第一二回大会（昭和四八年一一月）　民主連合政府の樹立が「宣伝のスローガン」から「実践的スローガン」になったとの展望に立ち、「民主連合政府綱領案」を採択した。

(5) 第一三回臨時大会（昭和五一年七月）　綱領・規約のうち、「マルクス・レーニン主義」の用語を「科学的社会主義」に改め、「プロレタリアート執権」を削除した。

(6) 第一八回大会（昭和六二年一一月）　副議長職を新設し、不破副議長、村上弘委員長とした。

(7) 第二一回大会（平成九年九月）　昭和三三年以来、三九年間にわたって実質的な党のトップとして君臨していた宮本議長が名誉議長に退き、「宮本体制」に終止符が打たれ、以後、不破委員長が名実ともに党の最高実力者となった。

(8) 第二二回大会（平成一二年一一月）　不破委員長が議長に、志位書記局長が委員長に就任。大幅な規約改定や自衛隊の活用を盛り込んだ決議の採択等、党のイメージアップを図ったが、党の基本的性格に変化はなかった。

(9) 第二三回大会（平成一六年一月）　綱領を大幅に改定したが、党の最終目標を社会主義・共産主義社会の実現とし、現状規定、統一戦線戦術の堅持等、綱領の基本路線にいささかの変化もなかった。

(10) 第二四回大会（平成一八年一月）　不破が議長職を退任。常任幹部会にはとどまった。

第74問　日本共産党の中央組織について説明してください

一　組織構成

日本共産党の組織は、「民主集中制」を原則とし、党大会を頂点としたピラミッド型を形成しています。党の中央組織としては、党大会、中央委員会、中央委員会幹部会、常任幹部会、訴願委員会、規律委員会及び監査委員会等があり、本拠を東京都渋谷区の日本共産党本部に置いています。

二　党大会

党大会は、党の最高機関であり、中央委員会によって招集され、二年又は三年の間に一回開かれます（規約第一九条）。党大会では、中央委員会報告の当否の確認、中央委員会が提案する議案の審議・決定、党の綱領、規約の改定及び中央委員会の選出が行われます（規約第二〇条）。

三　中央委員会

中央委員会は、党大会で選出された中央委員及び准中央委員で構成され、党大会から次の党大会までの間、党大会の決定を実行し、全党を指導します（規約第二一条）。また、中央委員会総会は、一年に二回以上開催することとなっています（規約第二二条）。さらに、中央委員会は、中央委員会幹部会委員と幹部会委員長、幹部会副委員長若干名（現在三人）、書記局長を選出します。また、中央委員会議長を選出することができることとなっています（規約第二三条）。

四　中央委員会幹部会

中央委員会幹部会は、中央委員会総会から次の中央委員会総会までの間中央委員会の職務を行います。幹部会は、職務を日常的に遂行するため、常任幹部会を選出します。また、書記局長を責任者とする書記局を設けるとしています（規約第二四条）。

五　訴願委員会

訴願委員は、中央委員会で任命されます。訴願委員会は、党機関の指導その他党活動に関わる具体的措置に対する党内外の人からの訴え、要望等の解決を促進するとしています（規約第二五条）。

六　規律委員会

規律委員は、中央委員会で任命されます。規律委員会は、党員の規律違反を調査、審査し、また、除名その他の処分の各級党機関の決定に対する党員の訴えを審査するとしています（規約第二六条）。

七　監査委員会

監査委員は、中央委員会で任命されます。監査委員会は、中央機関の会計と事業、財産を監査するとしています（規約第二七条）。

八　名誉役員

中央委員会は、名誉役員を置くことができ、その場合、党大会に報告し承認を受けることとしており（規約第二八条）、平成二二年一月の第二五回党大会では五三人を承認しました。

第75問　日本共産党の都道府県組織と地区組織について説明してください

中央組織の下には、各都道府県単位の党組織と一定地域を基礎とする地区組織があり、それぞれの党組織を指導しています。

一　都道府県組織

(1)　都道府県党会議　都道府県党会議は、都道府県組織の最高機関であり、都道府県委員会によって招集され、一年に一回開かれます（規約第二九条）。都道府県党会議では、都道府県委員会報告の当否の確認、党大会と中央委員会の方針と政策の具体化と都道府県の方針と政策の決定のほか、都道府県委員会の選出及び党大会開催時の代議員の選出が行われます（規約第三〇条）。

(2)　都道府県委員会　都道府県委員会は、その都道府県で党を代表し、都道府県の党組織を指導します。また、中央の諸決定の徹底と具体化・実践、地方的な問題の自主的処理、幹部の系統的な育成、地区党組織への助言及び都道府県党組織の財政活動の処理等を行います（規約第三〇、三一条）。

都道府県委員会は、委員長と常任委員会を選出し、必要な場合は、副委員長及び書記長を置くことができるとしています。なお、常任委員会は、都道府県委員会総会から次の総会までの間、都道府県委員会の職務を行います（規約第三二条）。

都道府県委員会は、必要が生じた場合、准都道府県委員の中から都道府県委員を補い、また、やむを得ない理由で任務を続けられない委員・准委員は、本人の同意を得て、都道府県委員会の三分の二以上の多数決で解任することができ、その場合、次の都道府県党会議に報告し、承認を受けるとしています。さらに、都道府県委員会は、都道府県党会議の承認を受けて、名誉役員を置くことができるとしています（規約第三二、三三条）。

(3)　都道府県監査委員会　都道府県委員会は、都道府県委員会の会計と事業、財産を監査するために監査委員会を設けることができるとしています（規約第三二条）。

二　地区組織

(1)　地区党会議　地区党会議は、地区組織の最高機関であり、地区委員会によって招集され、一年に一回開かれます（規約第三四条）。地区党会議では、地区委員会報告の当否の確認、中央及び都道府県の党機関の方針と政策の具体化、地区の方針と政策の決定のほか、地区委員会の選出及び都道府県党会議開催時の代議員の選出が行われます（規約第三五条）。

(2)　地区委員会　地区委員会は、その地域で党を代表し、地区の党組織を指導します。また、中央及び都道府県の党機関の決定の徹底と具体化・実践、地区的な問題の自主的処理、支部への指導と援助、幹部の系統的な育成及び地区党組織の財政活動の処理等を行います（規約第三六条）。

地区委員会は、委員長と常任委員会を選出し、必要な場合は、副委員長を置くことができ、常任委員会は、地区委員会総会から次の総会までの間、地区委員会の職務を行います（規約第三七条）。

第76問　日本共産党の基礎組織（支部）について説明してください

日本共産党の基礎組織は、「細胞」と呼称していたものを、昭和四五年七月の第一一回党大会で規約を改定し、「支部」という呼称に改めたもので、末端の活動体です。平成二三年七月の第二五回党大会三中総で、志位委員長は、党支部数を「二万一、〇〇〇」と報告しています。

規約第三八条は、「職場、地域、学園などに、三人以上の党員がいるところでは、支部をつくる。支部は、党の基礎組織であり、それぞれの職場、地域、学園で党を代表して活動する」、「状況によっては、社会生活・社会活動の共通性にもとづいて支部をつくることができる」、「党員が三人にみたないときは付近の支部にはいるか、または支部準備会をつくる」と規定しています。

一　支部総会・党会議

支部総会又は党会議（以下「支部総会等」という。）は、支部の最高機関であり、少なくとも六か月に一回開かれます。支部総会等では、活動の総括、上級機関の決定の具体化と活動方針を決定するほか、支部委員会又は支部長の選出及び地区党会議開催時の代議員を選出します（規約第三九条）。

二　支部

支部は、それぞれの職場、地域、学園で党を代表して活動し、その職場、地域、学園で多数者の支持を得ることを長期的な任務とし、要求に応える政策及び党勢拡大の目標と計画を立て、自覚的な活動に取り組むとしています。また、原則として週一回の支部会議の開催、党費の集金、党大会と中央委員会の決定の討議と支部活動への具体化、要求実現の活動、党勢拡大、機関紙活動、党の綱領や歴史、科学的社会主義の理論の学習及び支部員間の連絡・連帯網の確立等を行います。職場の支部に所属する党員は、居住地域でも活動するとしています（規約第四〇条）。

三　支部委員会

支部委員会は、支部総会等から次の支部総会等までの指導機関であり、支部長を選出します。ただし、支部員数が少ない支部は、支部長を指導機関とします。どちらの場合にも状況に応じて副支部長を置くことができるとしています。また、支部には、班を設けることができ、班には、班長を置くとしています（規約第四一条）。

四　青年支部

青年支部とは、地域や職場ごとに青年党員が集まってつくる支部です。現在の党の世代的な構成には、年配層と若い層の間に大きな開きがあり、青年の活力を発揮させる上でこれまでのやり方だけでは難しいという問題があったとして、平成一一年六月の第二一回党大会四中総で、〝地域・職場でも、青年独自の支部をつくるという組織形態も、条件に応じて具体化していく〟と提起されました。その後、同一二年一一月の第二二回党大会で、「状況によっては、社会生活・社会活動の共通性にもとづいて支部をつくることができる」（規約第三八条）という規定を新たに設けました。青年支部の活動では、青年党員や民青同盟員の拡大に青年自身が先頭に立って取り組むことを求めています。

第77問　日本共産党のその他の組織について説明してください――党グループ・国会議員団等

一　党外組織の党グループ

支部とは別に、各種の団体・組織で、常任役員の党員が三人以上いる場合には、党グループを組織し、責任者を選出することができます。党グループは、その構成と責任者の選出について、対応する指導機関の承認と指導を受けて活動します。活動の中で、その団体の規約を尊重することは、党グループの責務であるとしています。また、党グループは、支部に準じて、日常の党生活を行うとしています（規約第四二条）。

日本共産党国民運動委員会が、平成二〇年一二月一一日付け『しんぶん赤旗』で、労働組合や民主団体の党グループの構成員に対し、〝労働組合・諸団体の活動の先頭に立ち、大きな影響力を持つ党グループの皆さんの積極的な力の発揮が求められる。党機関の取組と呼応して、全支部・全党員の立ち上がりを激励し、党の総力を引き出す活動、結び付きや信頼関係を生かした党勢拡大に、大いに力を発揮することを呼び掛ける〟と訴えているように、組合や団体の中で党員や機関紙読者を増やすことが党グループの主な任務といえます。

二　被選出公職機関の党組織

国会に選出された党議員又は地方自治体の議会に選挙された党議員は、国会議員団又は党議員団を組織するとされています。

(1)　国会議員団　国会議員団は、中央委員会の指導の下に、必要な指導機構を設け、国会において党の方針、政策に基づいて活動します。その主なものは、国政の討論、予算の審議、法案の作成のほか、国会外における国民の闘争と結合し、その要求の実現に努めるなどとしています。また、党の議員は、規律違反や、国民の利益を著しく害して責任を問われた場合は、決定に従い、議員を辞職するとしています（規約第四三条）。国会議員団は、平成二四年六月末現在、衆議院議員団が団長以下九人、参議院議員団が同じく六人の合計一五人です。また、国会議員の歳費について、共産党は、「国会議員も党の専従であり、党が歳費についても責任をもつ立場だ。歳費は議員団の申合せで議員個人が受け取る額をきめ、余る分は各議員が党に寄付し議員団の政治活動費にあてている」としています（上田耕一郎『国会議員』一八三頁）。

(2)　各級地方自治体の党議員団　各級地方自治体の議会に選挙された党の議員は、適切な単位で必ず党議員団を構成し、全ての議員は、原則として議員団で日常の党生活を行うとしています。また、党議員団は、対応する指導機関の指導の下、国会議員団の活動に準じて、地方住民の利益と福祉のために活動するとされています。さらに、都道府県委員会及び地区委員会は、地方議員団を責任を持って指導すると規定しています（規約第四四条）。

共産党の地方議員数は、平成一二年の四、四五六人がピークで、二四年六月二一日現在、二、七四四人です（平成二四年六月二一日付け『しんぶん赤旗』）。

第78問　日本共産党を牛耳ってきた宮本顕治とは、どのような人物なのですか

一　宮本顕治は、明治四一年一〇月二〇日、山口県光井村（現在の光市）生まれ。昭和六年、東京帝国大学経済学部を卒業し、日本共産党に入党しました。同八年、二四歳で中央委員。同年末には、後に副委員長となる袴田里見らと共に、中央委員の同志にスパイ容疑でリンチを加えて死に至らしめた「共産党リンチ事件」を引き起こしました。無期懲役の判決を受けますが、同二〇年一〇月、釈放されました。政治犯の釈放は、同年一〇月四日のGHQ覚書に基づく一〇月五日の司法省通牒によって行われました。釈放の対象は、治安維持法違反、刑法の外患に関する罪等に当たるものに限られ、宮本のように傷害致死、死体遺棄等を伴うものは対象外でした。同五一年一〇月八日の衆議院法務委員会では、法務省刑事局長が、「宮本さんと袴田さんだけがあの扱いを受けたということは、あくまでも法令の解釈に基づくものではなくて、特別な扱いであった」と述べています。

二　戦後、日本共産党は合法政党として再建され、活動を再開しましたが、昭和二五年、当時国際共産主義運動の指導機関的性格を強めていたコミンフォルム（欧州共産党・労働者党情報局）が、同党の路線を批判。この対応をめぐり、宮本は、国際派として、徳田球一、野坂参三らの主流派と対立しました。この「五〇年問題」と言われる党の分裂と、統一後のいわゆる火炎瓶闘争を経て、同三〇年七月の第六回全国協議会で、宮本は、常任幹部会員（全七人）に選出されました。綱領問題委員会

の責任者として現綱領を起草し、「敵の出方」論による暴力革命の方針を採る現綱領路線を確立しました。同三三年七、八月の第七回党大会で書記長となり、党運営の実権を掌握。同四五年七月の第一一回党大会で委員長に就任して最高指導者となりました。同五七年七月の第一六回党大会で議長に就任。この間、ソ連、中国との従属関係から抜け出しました。また、機関紙拡大を通じた党建設を重視し、国民の警戒心を取り除くための各種欺瞞宣伝の展開とあいまって、党勢の拡大を果たしました。

三　しかし、昭和五〇年代半ばから党勢は停滞。平成三年にはソ連が崩壊しましたが、宮本は、〝ソ連は、大国主義、覇権主義の破綻であって、社会主義の破綻ではない〟と主張しました（平成三年九月一日付け『毎日新聞』）。同六年の綱領改定では、ソ連を〝社会主義を目指した国〟とし、そもそも社会主義国ではなかったものとしました。そして、同九年九月の第二一回党大会で名誉議長として引退しました。また、昭和五二年から平成元年までの一二年間、参議院議員を二期務めました。

同一九年七月一八日、東京都内の代々木病院で老衰のため九八歳で死亡しました。

四　宮本について、志位委員長は「いまの綱領の原型にあたる綱領路線を確定し、まず資本主義の枠内で、アメリカいいなり、大企業中心の政治から国民中心の政治に切り替えるという、いまの綱領路線の土台をつくる上でも大事な仕事をされた」と説明しています（平成一九年七月一九日付け『しんぶん赤旗』）。宮本は、綱領採択に向けて党中央を代表して行った綱領の解釈に関する報告等を、綱領の解釈本『日本革命の展望』として取りまとめ、昭和四三年に発刊しました。現綱領は、採択からこれまでに五回改定されていますが、宮本が確立したその基本路線は現在も全く変わっていません。

第79問　日本共産党の不破哲三とは、どのような人物なのですか

一　不破哲三は、昭和五年一月二六日、東京・中野生まれ。「不破哲三」はペンネームで、本名は上田建二郎といいます。同二二年一月、旧制一高在学中に日本共産党に入党。同二八年三月、東京大学理学部物理学科を卒業後、同三九年三月までの間、鉄鋼労連書記として活動しました。同年三月、党中央に入って政策委員となり、同年一一月の第九回党大会で中央委員候補、同四一年一〇月の第一〇回党大会で中央委員及び書記局員候補となりました。

同四五年七月の第一一回党大会で書記局長に就任。同五七年七月の第一六回党大会で宮本顕治が議長になると、幹部会委員長に就任。一時、病気のため中央委員会副議長となりましたが、平成元年六月の第一八回党大会五中総で幹部会委員長に再任され、同一二年一一月の第二二回党大会で、中央委員会議長に就任し、同一八年一月の第二四回党大会で高齢等を理由に議長職を退任しましたが、常任幹部会委員にとどまり、党中央委員会付属社会科学研究所の所長に留任しました。この間、昭和四四年一二月の衆院選で初当選し、衆議院議員を連続一一期務め、平成一五年一〇月に議員を引退しました。

不破は、第二二回党大会で規約、同一六年一月の第二三回党大会で綱領の大幅な改定を主導したほか、科学的社会主義（マルクス・レーニン主義）理論等に関する著書も多く、理論面で党内に並ぶ者はいないといえます。

二　ペンネームの由来について不破は、著書（『不破哲三　時代の証言』）の中で、〝鉄鋼労連に勤め始めて半年ぐらいの頃、『前衛』に論文の寄稿依頼があった。就職するときに「共産党員です」とは言わないから、『前衛』の論文に「鉄鋼労連・上田建二郎」では具合が悪い。それでペンネームを考えた〟、〝実家近くの「不破建設」というペンキ屋で争議があり、妻が応援に行っていた。その「不破」に「鉄鋼」の「鉄」をもじって「哲三」にした〟（四〇頁）と述べています。一方で、〝ブハーリン（旧ソ連の政治家・哲学者。ソ連共産党中央委員・『プラウダ』編集長。スターリンにより粛清）をもじって「不破」なるパルタイ・ネームを使用した〟（安東仁兵衛『戦後日本共産党私記』九八頁）とかつての同志が指摘したことに対しては、〝とんでもない見当違い〟、〝「反革命派」の代表的人物の名前をペンネームにするわけがない〟（『時代の証言』四〇、四一頁）と否定しています。

三　不破は、平成一八年一月の第二四回党大会で、議長退任の理由について、〝高齢と健康面で、国会活動だけでなく、選挙等党活動の現場で先頭に立てなくなっているが、それでも最終的な責任者にとどまることは、合理的でない上、若い世代の幹部が力を発揮することを妨げる要因となる〟などと述べています。一方、常任幹部会にとどまった理由については、〝知力・体力のある限り、党の発展のために、しかるべき場所でその力を尽くすことは、共産主義者としての義務であり責任である〟と述べています。不破の退任で、党規約上は幹部会委員長である志位和夫が党内ナンバー1となっていますが、不破が常任幹部会にとどまっていることから、現在も党の指導に影響力を及ぼし、実質的な〝不破体制〟は継続しているものとみられます。

第80問　日本共産党の志位和夫委員長、市田忠義書記局長とはどのような人物なのですか

一　志位和夫委員長

志位委員長は、日本共産党の中央委員、幹部会委員、常任幹部会委員、幹部会委員長、衆議院議員（比例・南関東ブロック）です。

志位委員長は、昭和二九年七月二九日、千葉県四街道市生まれ。東京大学工学部物理工学科に入学後、民青に入り、同四八年、日本共産党に入党。同五四年に大学卒業後、同五五年に共産党東京都委員会に専従活動家として勤務しました。同五七年、党中央委員会に勤務し、政策委員会等に所属し、同六二年一一月の第一八回党大会で准中央委員に選出され、同六三年九月の中央委員会拡大幹部会で中央委員会書記局員に任命されました。その後、平成元年八月の六中総で中央委員に選出され、同二年七月の第一九回党大会で、当時三五歳で書記局長に就任しました。

同五年、旧千葉一区から出馬して衆院選で初当選。選挙制度が小選挙区比例代表並立制に変わった後の第四一回、第四二回、第四三回、第四四回、第四五回衆院選で、いずれも比例代表南関東ブロック単独一位候補者として立候補し、当選しています。

同一二年一一月の第二二回党大会で、幹部会委員長に就任。同一六年一月の第二三回党大会、同一八年一月の第二四回党大会、同二二年一月の第二五回党大会で幹部会委員長に再任されています。

志位委員長は、雑誌（『サンデー毎日』平成二二年四月二五日号）のインタビューで、不破との関係について、〝込み入った難しい問題、歴史のある大きな問題等で相談に乗ってもらい、知恵を貸してもらっている〟と答えており、その機会は多いものとみられます。

二　市田忠義書記局長

市田書記局長は、日本共産党の中央委員、幹部会委員、常任幹部会委員、中央委員会書記局長、参議院議員（比例）です。

市田書記局長は、昭和一七年一二月二八日、大阪府生まれ。同三六年に滋賀県立八日市高校卒業後、大阪の繊維商社等で勤務しましたが、学校の教師を目指すため退職し、立命館大学（Ⅱ部法学部）に入学しました。在学中の同三八年に日本共産党に入党。その後、龍谷大学図書館職員として勤務しながら、同四二年、立命館大学を卒業。同三八年から四二年の間、民青同盟員としても活動。同四六年に党の専従活動家となり、京都伏見地区委員長、同府委員会書記長を経て、同府委員長に就任しました。

その後、第一九回党大会で幹部会委員、第二〇回党大会で常任幹部会委員となり、第二一回党大会で中央委員会書記局次長、第二二回党大会で同書記局長に就任しました。第二三回党大会、第二四回党大会、第二五回党大会で書記局長に再任されています。この間、平成一〇年七月の参院選に立候補し、初当選（比例代表）して現在三期目です。

市田は、地区委員長から党中央選挙対策局長を経て書記局長にまで上り詰めた実務派です。この経歴は志位委員長とは対照的であり、市田の実務経験が重視されているものとみられます。

第81問　「独習指定文献」とは何ですか

日本共産党は、昭和三七年五月七日付け『アカハタ』で、独習指定文献を指定しました。同文献は、「日本共産党に関する文献」、「国際共産主義運動に関する文献」、「マルクス・レーニン主義の基礎理論についての文献」の三分類に分けられ、指定されました。これは、第八回党大会（同三六年七月）及び同大会二中総（同年一二月）で、「独習を学習の基本とすること」とし、また、「マルクス・レーニン主義の独習を党員の果たすべき自発的任務とする」こととされたのを受けたものです。

しかし、この独習指定文献制度に関しては、平成一六年八月の第二三回党大会二中総で、志位委員長が、〝情勢と理論が不断に発展する下で、固定した「指定文献」という方式は、実情に合わなくなってきている。そこで、学習に役立つ文献については、適切な時々に、様々な形で、全党に紹介することにする〟とし、この制度を廃止することを明らかにしました。

日本共産党は、『月刊学習』平成二一年二月号及び二二年九月号で、次の文献を紹介しています。

『月刊学習』平成二一年二月号	『月刊学習』平成二二年九月号
〈綱　領〉 『報告集　日本共産党綱領』（不破哲三著） 『新・日本共産党綱領を読む』（同）	〈古　典〉 『イギリスにおける労働者階級の状態』（エンゲルス著） 『ドイツ・イデオロギー』（マルクス、エンゲルス著）

〈党の歴史〉
『日本共産党の八〇年』

〈規　約〉
「第二二回党大会「党規約の改定についての中央委員会の報告・結語」」
『国民に開かれた党へ――日本共産党新規約のはなし』（浜野忠夫著）

〈党についての理解〉
『日本共産党とはどんな党か』（志位和夫著）

〈科学的社会主義〉
『科学的社会主義を学ぶ』（不破哲三著）
『共産党宣言』（マルクス、エンゲルス著）
『空想から科学へ』（エンゲルス著）

〈政策・方針〉
「大会決定、中央委員会総会決定」
「正義と道理に立つものは未来に生きる（党創立八六周年記念講演での志位委員長の講演）」
平成一八年四月『職場問題学習・交流講座への報告・まとめ』（パンフレット）
平成二〇年八月『若い世代の中での活動強化、民青地区活動をすすめる全国会議』（同）

『共産党宣言』（マルクス、エンゲルス著）
『共産主義の諸原理』（エンゲルス著）
『経済学批判』への「序言」、「序説」（マルクス著）
『賃労働と資本』（マルクス著）
『賃金、価格および利潤』（マルクス著）
『「資本論」綱要』（エンゲルス著）
『「資本論」書評』（エンゲルス著）
『ゴータ綱領批判』（マルクス著）
『エルフルト綱領批判』（エンゲルス著）
『自然の弁証法』（エンゲルス著）
『反デューリング論』（エンゲルス著）
『空想から科学へ』（エンゲルス著）
『家族・私有財産・国家の起源』（エンゲルス著）
『フォイエルバッハ論』（エンゲルス著）
『インタナショナル』（マルクス著）
『多数者革命』（エンゲルス著）
『「人民の友」とはなにか（第一分冊）・弁証法の問題によせて』（レーニン著）
『唯物論と経験批判論』（上・下）（レーニン著）
『マルクス主義の三つの源泉と三つの構成部分・カール・マルクスほか』（レーニン著）
『帝国主義論』（レーニン著）

第82問　日本共産党の主な学習制度について教えてください

一　日本共産党は、昭和五二年一〇月の第一四回党大会で「教育立党」の方針を提起し、一二月の二中総において「党の教育体系について」を決定しました。同五七年三月の第一五回党大会八中総で「学習・教育活動について」の決議を行い、①「綱領路線を学ぶ」、②「情勢と展望、任務を正しくとらえる」、③「各分野の政策、方針を学ぶ」、④「党建設についての学習」、⑤「科学的社会主義を学ぶ」、の五つの眼目を柱に学習・教育活動の強化を図っています。

二　制度学習

(1)　新入党者教育（日本共産党中央委員会出版局『新版　日本共産党紹介』一二五頁）

党の目的（日本革命の道すじ）、党の性格、組織と歴史、支部活動の基本等、党についての基礎的知識を身に付けることを目的としています。入党後二週間以内、事情で遅れても一か月以内には修了することとなっています。

(2)　基本課程（前掲、一二六頁）

党についてのより深い知識を身に付けることを目的に、綱領、規約と『支部活動の手引き』、党史、資本主義から社会主義への発展の必然性についての基礎的な学習、党建設の五課目を学ぶとしています。新入党者教育修了後一か月以内に修了し、特別の事情で遅れても入党後三か月以内には必ず修了することとなっています。

(3)　中級課程（前掲、二二六頁）

基本課程の教育を修了した党員で希望する者に対して、綱領、社会主義の理論、規約、党史、哲学、経済学、政策・方針と活動の七課目を学ぶものです。

(4)　幹部学校（前掲、二二八頁）

綱領、党建設の理論、大会方針、党史等をより深く学ぶとともに、大衆運動、選挙闘争、党建設、自治体活動等を含め、幹部として必要な教育を受けさせることを目的に行うものです。

(5)　中央党学校（『日本共産党紹介』昭和五六年二月改訂版一三五頁）

中央委員会及び地方党組織の必要な幹部を教育することを目的に行うものです。

三　その他

(1)　特別党学校（平成一八年一月の第二四回党大会で開催を決定）

「中央と都道府県・地区機関の若手の活動家を結集して、一度で〝卒業〟とする「学校」ではなく、年に数回という頻度で継続的に開き、理論、実践、党派性など、党の幹部として総合的な力をつけた後継者を育てる」としています。

(2)　「綱領・古典の連続教室」（平成二二年九月の第二五回党大会二中総で開催を決定）

平成二二年一二月から約一年間、共産党員、民青同盟員を対象に〝党綱領と科学的社会主義の古典の基本点を、初心者にも分かりやすく講義する〟として実施した教室です。

第83問　日本共産党が発行している機関紙及び雑誌には、どのようなものがありますか

日本共産党は、機関紙誌活動によって、国政革新の闘いを前進させ、機関紙誌の事業活動の拡大再生産を保障し、またその収益によって党財政を確立、強化することができるとしています（日本共産党中央委員会出版局発行『基本課程』三八八頁）。

一　日本共産党中央委員会発行の機関紙誌等

(1)　機関紙等

○『しんぶん赤旗』　日本共産党中央機関紙（日刊月三、四〇〇円、日曜版月八〇〇円）。なお、平成九年四月一日、題字が『赤旗』から『しんぶん赤旗』に変更された際、題字の下にあった「日本共産党中央機関紙」の文言が削除された。

○『しんぶん赤旗』縮刷版CD－ROM　平成一六年五月（四月号）から発売が開始された（定価年間五万四、〇〇〇円、月四、五〇〇円）。なお、月刊誌『しんぶん赤旗縮刷版』（冊子）は、平成一六年三月号で廃刊となった。

○『点字しんぶん赤旗』　内外の重要ニュース、共産党の主張のほか、視力障害者の関心事項を収録（月刊二〇〇円）。

(2)　機関誌

○『前衛』　政治、社会、経済、文化その他、国の内外で起こる様々な問題に対して科学的社会主義の立場から分析・論評した月刊誌（七一〇円）。

○『月刊学習』　党の綱領、規約、政策、方針、理念等を解明し、あわせて、科学的社会主義の哲学や経済学、社会発展史等の講座、学習の手引き等を掲載した月刊誌（三七〇円）。

○『女性のひろば』　「女性の生きがいと解放を語りあうあなたの雑誌」として、読者と共に作る月刊誌（三〇〇円）。なお、日本共産党は、『女性のひろば』の「定期読者」を「基礎票の一つとして重視」（日本共産党中央委員会出版局発行『基本課程』三八八頁）している。

○『議会と自治体』　人民的議会主義の立場に立った議会活動、選挙活動、大衆運動の経験交流と理論化の月刊誌（七六〇円）。

(3)　宣伝物

○『赤旗写真ニュース』　壁新聞用写真ニュース。共産党や民主勢力の活動を知らせる宣伝物（月二回発行。月五〇円）

二　その他普及に協力している雑誌等

○『経済』　新日本出版社発行。科学的社会主義の立場を明確にした月刊誌（九八〇円）。

○『ジャパン・プレス・ウィークリー』　ジャパン・プレス・サービス社発行。『しんぶん赤旗』記事や日本共産党の文献の英訳。ウエブサイト上の記事の閲覧は無料。

第84問　日本民主青年同盟（民青）とは、どのような団体なのですか

一　民青の創立

民青の前身である「日本共産青年同盟」（共青）は、大正一二年四月五日に創立されました。共青は、〝最も早く日本社会に登場した革命的青年組織〟であり、〝日本共産党の指導の下に創立され、その後も絶えず、日本共産党の導きの下で活動を進めてきた〟とされています。

昭和二一年二月、この共青を受け継ぎ、「日本青年共産同盟」（青共）が結成され、以後、民主青年合同委員会、日本民主青年団準備会、日本民主青年団等と改称され、同三一年一一月の第五回大会で、「日本民主青年同盟」（民青）となりました。

日本共産党の綱領・規約に当たる「日本民主青年同盟の目的と規約」では、「日本民主青年同盟は、日本共産党のみちびきをうけ、科学的社会主義と日本共産党の綱領、一般的民主的な教養をひろく学び、次代のすぐれたにない手として成長することをめざします」としています。

同盟員は、〝一五歳以上の日本の青年で、原則として三〇歳まで〟がなることができ、「組織が必要とする場合は、民青にとどまることをさまたげない」としています（規約第三条）。

二　組織原則

民青の組織原則は、民主集中制（民主主義的中央集権制）です。

民青は、平成二三年一一月の第三五回全国大会で規約を改定し、旧規約前文及び第二章第一〇条に組織原則として規定されていた「民主集中制」の用語を削除しました。また、旧規約第二章の〝決定は無条件に実行しなければならない〟や〝個人は組織に、少数は多数に、下級は上級に従う〟との文言を、〝民青の在り方が上から下への一方通行で成り立っているかのような誤解を招く表現であった〟として削除し、〝多数決で決める〟、〝決定したことはみんなで実行するよう努める〟などと改めました。しかし、規約改正案の説明の中で、〝民主集中制の原則の基本的内容は、改正案にある（組織原則の）四つの柱（条文）に反映した〟、「「民主集中制」の組織原則の中心点を受け継ぐ」としていることから、現在も「民主集中制」の組織原則に変わりはないといえます。

三　組織現勢等

民青の組織現勢は、自らのホームページ上で約二万人としています。過去最高数は約二一万人（昭和五九年七月、一八回大会時）で、最高時の一〇分の一程度となっています。

組織機構は、中央委員会を頂点として、以下順に、都道府県委員会、地区委員会（複数の班がある地域・職場・学園につくることができる）、基礎組織として班（経営（職場）、学園、居住地で原則として三人以上同盟員がいる場合に結成）があります。これは、共産党組織（中央委員会――都道府県委員会――地区委員会――支部）と似た機構となっています。

中央機関紙として、『民主青年新聞』（隔週月曜日発行。定価（税込）月六八〇円）があります。なお、『われら高校生』は平成二四年新年号から『民主青年新聞』に統合されました。

第85問　新日本スポーツ連盟とは、どのような団体なのですか

一　新日本スポーツ連盟は、日本共産党の西沢富夫体育スポーツ委員会委員長（当時）が、昭和三九年一〇月二四日付け『アカハタ』で、「体育・スポーツの真の発展のために」と題する論文を発表したことを受けて結成されたスポーツ組織です。同論文では、〝我々は、学習会等を広く発展させた経験を持っている。それらは全て、大衆運動、統一戦線、党建設の発展に大きな役割を果たしている。体育・スポーツの分野は、我が党と民主勢力の指導と援助を待っている広大な未開拓地である〟、〝重要なことは、体育やスポーツの問題と大衆運動、統一戦線、党建設等との関係を正しくつかみ、スポーツ問題を広範な勤労大衆と結び付く重要な活動分野の一つとみることである〟としています。

二　これを受け、昭和四〇年一一月二二日、「新日本スポーツ連盟」の前身である「新日本体育連盟」が結成され、平成七年一一月の創立三〇周年記念集会で「新日本スポーツ連盟」と名称変更しました。

現在、約四、〇〇〇クラブ、約五万四、〇〇〇人の会員を擁し、「スポーツは万人の権利」を理念に掲げ、国民のスポーツ要求を汲み上げてこれを組織化し、スポーツ分野における統一戦線の結集を図ろうとしています。特にクラブ、サークルづくりを重視し、結成したクラブ等を全国種目組織（新日本スポーツ連盟加盟の競技種目別全国組織。「略図」参照）に加盟させるなどして、組織の拡大を図っています。

全国種目組織は、現在一三種目で、登山、スキー、野球、テニス、卓球、水泳、バレーボール、サッ

カー、ランニング、バドミントン、ソフトボール及びウォーキング等となっています。

また、二年に一回、総合競技大会として「全国スポーツ祭典」を開催し、隔年で「全国競技大会」（競技ごとの選手権大会）を開催しています。機関誌としては、『スポーツのひろば』（年一〇回（一・二月号、七・八月号が合併号）、定価四五〇円）があります（同連盟ホームページ）。

三　日本共産党は、平成九年九月の第二一回党大会で、〝革新的立場に立つ全国的大衆組織が、それぞれの分野で多数派を結集するイニシアチブを発揮し、広大な民主的改革の統一戦線をつくりあげていくことが期待されている〟、〝新日本スポーツ連盟等の分野別組織や障害者運動等の発展も引き続き重要である〟と決議していることからも、「新日本スポーツ連盟」を重視しているとみることができます。

新日本スポーツ連盟組織略図

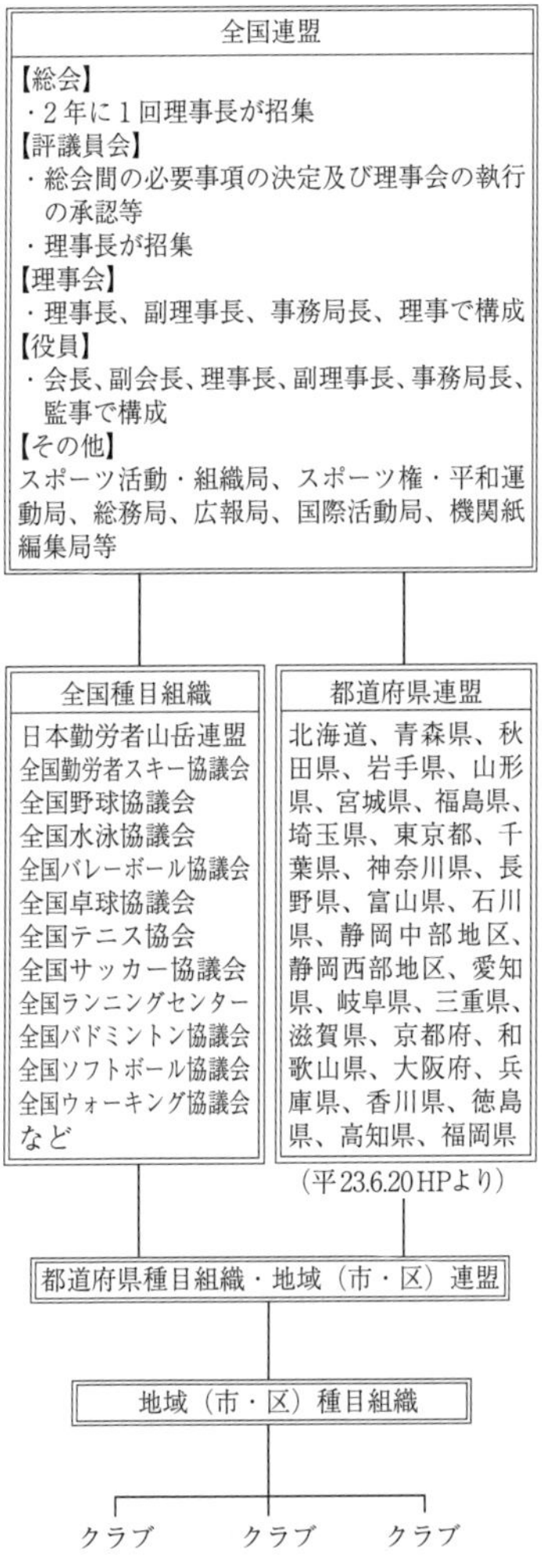

第86問　全国革新懇とは、どのような団体なのですか

一　日本共産党は、昭和五一年四月、日本社会党との間で、〝ロッキード問題等真相究明のため統一した行動をとる〟などとする合意文書を取り交わし、以後、〝両党は、長期展望に立ち統一戦線結集を目指す〟、〝広範な革新勢力の統一のため努力する〟などと共闘関係を維持していました。ところが、社会党は、同五四年一〇月、衆院選での敗北（一一七→一〇七議席）を受け、次期国政選挙を見据えて野党第二党の公明党と連携していく方針に転換し、同五五年一月には、社会党が公明党との間で共産党排除の連合政権構想に合意（社公合意）したことで、共産党との関係が決裂しました。共産党の宮本顕治委員長（当時）は、同年二月の第一五回党大会の冒頭発言で、社会党を〝右転落〟と批判した上で、〝我が党は、各界の民主的諸団体、民主的な人々の間で、革新統一を語り、要望する自由な連絡共同の場や組織として、革新統一懇談会等を全国的、地方的につくることを提唱する〟と述べました。

この発言を受けて結成されたのが、「平和・民主主義・革新統一をすすめる全国懇話会」（全国革新懇）です。同五六年五月二六日の結成総会には、無党派、共産党員、労組役員、学者、文化人等三二五人が参加し、結成総会の「訴え」に賛同した団体及び個人数を「三九〇万」と発表しました。その後、平成一三年五月の全国革新懇第二一回世話人総会で、「平和・民主・革新の日本をめざす全国の会」

（全国革新懇）と名称変更しました。

二　全国革新懇は、①「日本の経済を国民本位に転換し、暮らしが豊かになる日本をめざします」、②「日本国憲法を生かし、自由と人権、民主主義が発展する日本をめざします」、③「日米安保条約をなくし、非核・非同盟・中立の平和な日本をめざします」の「三つの共同目標」を掲げており、構成員は現在四五〇万人、四七都道府県と地域六三六、職場一五二、青年一二に組織を擁しているとしています（平成二四年六月現在。同会ホームページ）。

三　全国革新懇の結成は、宮本委員長が昭和五六年一一月の全国革新懇第一回世話人総会で、〝共産党は、決して共産党一党だけでは日本の変革はできない。…これには、広く広範な各階層との共同が必要である〟と述べたように、統一戦線結集に向けた戦術といえるでしょう。事実、志位和夫委員長は、〝革新懇運動というのは統一戦線である。…「三つの共同目標」で賛同できる人は立場の違いを超えて、幅広く共同できるというのが革新懇である。…民青同盟は、全国革新懇の加盟団体であるから、「三つの共同目標」で一致するわけだが、それだけではなく、日本共産党の援助を受けて科学的社会主義を学ぶという組織である。その点では、民青同盟までは入れないけれども、革新懇に結集するという人はもっともっと多いはずである。はっきりいえば、国民の半分以上を革新懇運動に、統一戦線運動に結集しようというのが私たちの目標である〟と述べるなど、共産党が統一戦線の戦術として全国革新懇を重視していることがよく分かります（『前衛』平成二〇年九月号九二頁）。

第87問　その他、日本共産党の浸透がみられる主な団体としては、どのようなものがありますか

平成一七年七月に日本共産党を離党した筆坂秀世・元政策委員長は、著書『日本共産党』で、「共産党系と言われる労働組合、平和団体、市民団体などが数多くある。全国労働組合総連合（全労連）と傘下労働組合、平和・民主・革新の日本をめざす全国の会（全国革新懇）、原水爆禁止日本協議会（日本原水協）、日本平和委員会、安保破棄中央実行委員会、全日本民主医療機関連合会（全日本民医連）、民主商工会・全国商工団体連合会（民商・全商連）、農民運動全国連合会（農民連）、新日本婦人の会、日本民主青年同盟、消費税をなくす会、新日本スポーツ連盟などがそれである。これらの団体の中枢には日本共産党員が座っている」と明らかにしました（三四頁）。これらの団体について見てみましょう。ただし、筆坂も述べているように、日本共産党と関係を有する団体はこれだけではないことに留意する必要があります。

名称（略称）	団体の概要	機関誌・紙
全国労働組合総連合（全労連）〈平成元年一一月二一日結成〉	昭和五五年二月の共産党第一五回大会で〝全国的、全産業別的に統一し、調整できる機能と役割をもったナショナルセンターを確立する〟との決議を受けて結成された組織	『全労連新聞』（月刊）『月刊全労連』（月刊）
平和・民主・革新の日本をめざす全国の会（全国革新懇）〈昭和五六年五月二六日結成〉	昭和五五年二月の共産党第一五回大会で、宮本顕治委員長（当時）の、〝革新統一懇談会等を全国的、地方的につくることを提唱する〟との発言を受けて結成された組織	『全国革新懇ニュース』（月刊）

原水爆禁止日本協議会（日本原水協）〈昭和三〇年九月一九日結成〉	昭和二九年のビキニ環礁水爆実験を契機に、昭和三〇年九月に結成されたが、ソ連の核実験を支持する共産党と社会党が内部で対立。社会党とその他団体が「原水禁運動を守る連絡会議」（現、原水爆禁止日本国民会議）を結成したことで分裂	『原水協通信』（月刊）
日本平和委員会〈昭和二四年結成〉	昭和二四年、平和擁護日本大会の開催を契機に結成された組織。共産党第二二回大会で、同会事務局長は、〝平和の闘いで共産党との協力共同がますます発展している〟と来賓挨拶	『平和新聞』（月三回発行）『平和運動』（月刊）
安保破棄中央実行委員会〈昭和四〇年九月二二日結成〉	昭和三九年一一月の共産党第九回大会における、〝「安保反対と憲法改悪反対の民主連合政府」の樹立を目指す〟との報告を受けて結成された組織	『安保廃棄』（月刊）
全日本民主医療機関連合会（全国民医連）〈昭和二八年六月七日結成〉	全国各地に設置されている「民主病院」、「民主診療所」の全国組織。昭和四五年七月の共産党第一一回大会で、同会会長は、〝民医連は、共産党とは切っても切れない形で指導と援助に導かれた〟と来賓挨拶	『民医連新聞』（第一・三月曜日発行）『民医連医療』（月刊）『民医連資料』（月刊）『いつでも元気』（月刊）
民主商工会・全国商工団体連合会（民商・全商連）〈昭和二六年八月三日結成〉	全国各地に組織されていた「民主商工会」が、全国統一組織の設立を目的に、昭和二六年八月に「全国商工団体連合会」を結成。平成六年七月の共産党第二〇回大会では、〝国政と地方政治の革新をめざす統一戦線運動の担い手〟と決議	『全国商工新聞』（週刊）
農民運動全国連合会（農民連）〈平成元年一月二六日結成〉	昭和五八年二月の共産党第一五回大会七中総で、宮本顕治議長（当時）の〝今、自覚的な農民運動のセンターが必要である。我々はこれに十分注目して検討を進める必要がある〟との発言を受けて結成された組織	『農民』（週刊）
新日本婦人の会（新婦人）〈昭和三七年一〇月一九日結成〉	昭和三六年七月の共産党第八回大会で、野坂参三議長（当時）の、〝党の影響下における婦人の大衆的な組織をどうしてもつくる必要がある〟との発言を受けて結成された組織	『新婦人しんぶん』（週刊）『女性&運動』（月刊）
日本民主青年同盟（民青）〈大正一二年四月五日結成〉	大正一二年四月、「日本民主青年同盟」の前身である「日本共産青年同盟」（共青）を結成。共青は、〝共産党の指導の下に創立され、その後も絶えず共産党の導きの下で活動を進めてきた〟としている	『民主青年新聞』（隔週）
消費税をなくす全国の会〈平成二年六月二九日結成〉	平成二年三月、共産党第一八回大会八中総で、宮本顕治議長（当時）の、〝消費税廃止をめざす大衆的政治組織を結成する〟との発言を受けて結成された組織	『ノー消費税』（月刊）
新日本スポーツ連盟〈昭和四〇年一一月一二日結成〉	共産党のスポーツ対策基本方針「体育・スポーツの真の発展のために」の発表（昭和三九年一〇月二四日付け『アカハタ』）を受けて結成された組織	『スポーツのひろば』（年一〇回）

第88問　日本共産党の旗を見ると、左上角に四つの赤い旗と歯車、それに稲穂のようなものが染め抜かれていますが、何か意味があるのですか

一　党旗

日本共産党が創立五〇周年を記念して、昭和四七年七月一五日に制定した旗をいいます。そのデザインは、赤旗に「党章」を左肩に染め抜いたもので、旗の縦横の比率は黄金分割（縦一対横一・六二の割合）によると決められています。「正式」の党旗には県・地区名は入れず、県・地区・支部名を入れた場合は「略式」とされています（昭和四七年七月一六日付け『赤旗』）。

二　党章

日本共産党のシンボルマークで、党旗と同じく昭和四七年に党創立五〇周年を記念して制定されたものです。そのデザインは、「四つの旗」に〝労農同盟〟を象徴する歯車（労働者）と稲穂（農民）をあしらったものです。労働者と農民は「統一戦線の階級的基礎をなす」（平成四年九月一七日付け『赤旗』）とされています。

配色は、「四つの旗」は赤色、歯車は明るい水色、稲穂は黄色とされています（昭和四七年七月一六日付け『赤旗』）。

三　「四つの旗」

「四つの旗」とは、次の四つをいいます（平成四年九月一七日付け『赤旗』）。

①　反帝、反独占の人民の民主主義革命の旗
②　民族民主統一戦線の旗
③　自主独立の強大な日本共産党建設の旗
④　反核・平和と主権擁護の国際連帯の旗

日本共産党の「党章」

○四つの旗～赤色
- 反帝、反独占
- 民族民主統一戦線
- 党建設
- 国際連帯

○歯車～明るい水色
労働者
○稲穂～黄色
農民

日本共産党の「党旗」

正　式

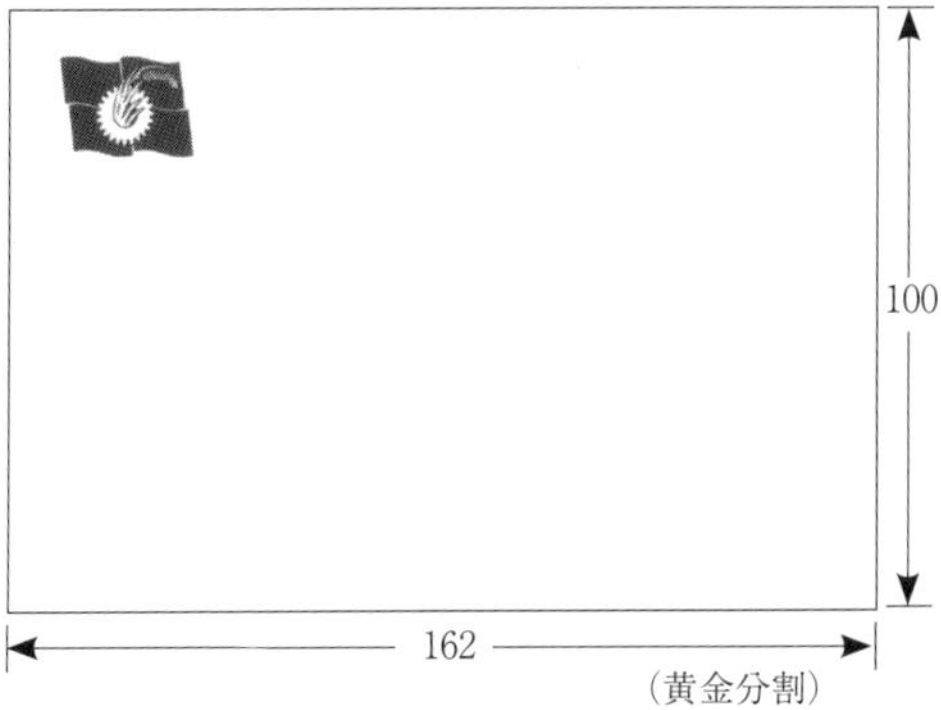

（黄金分割）

略　式

第89問　日本共産党の機関紙『しんぶん赤旗』の名称の由来について教えてください

一　日本共産党は、赤旗の由来について、〝一八世紀末のフランスでは、暴動発生時には戒厳令を敷き、その危険印として赤旗を立てた。一七九一年の暴動の際、政府軍は赤旗を立てて弾圧したが、暴徒は逆に赤旗を抵抗の旗印として掲げて反抗した。一八四八年の二月革命では、パリの労働者たちは自ら赤旗を立てて政府に押し掛け、フランスの三色国旗を赤旗に替えるよう要求した。これを機に、赤旗は、「革命の旗印」として各国の労働組合や共産党が用いるようになった〟と述べるとともに、日本共産党中央機関紙である『しんぶん赤旗』の由来を、〝労働者、農民の革命の旗〟、〝労働者階級の解放闘争の象徴〟としています（昭和三九年一二月一一日付け『アカハタ』）。

二　大正一一年七月一五日結成の「コミンテルン日本支部日本共産党」は、同一二年四月三日、宣伝理論機関誌である『赤旗』を発刊しましたが、一斉検挙により、同一三年に共産党が解散しました。同一五年に再建された共産党は、昭和三年二月一日に中央機関紙として『赤旗（せっき）』を創刊（謄写版刷り、月二回刊）しましたが、この『赤旗』は、同一〇年二月二〇日の第一八七号を最後に終戦まで発行されませんでした。

戦後、共産党は同二〇年一〇月二〇日に機関紙を復刊させ、『赤旗』第一号（B5判、パンフ型）を発行し、第五号から新聞型（二ページ立て、週刊）にしました。同二一年一月八日の第一〇号から

『赤旗』の題字を『アカハタ＝ＡＫＡＨＡＴＡ』と横書きにし、同二三年七月一六日には、『アカハタ』に変更しました。同二五年六月、ＧＨＱのマッカーサー元帥の指令により一か月の発行停止処分、七月一八日には無期限発行停止処分を受けましたが、同二七年五月一日、週刊として復刊し、同二九年三月一日からは日刊となりました。さらに、同四一年二月一日に題字を『赤旗』に、平成九年四月一日から『しんぶん赤旗』にそれぞれ変更しました。日曜版は、同三四年三月一日に発刊しています。

三　日本共産党は、『しんぶん赤旗』について、「党中央と全党を結ぶきずなであり、党と国民との結びつきを広げる最良の媒体であり、国民の要求にもとづく運動、国会や地方自治体でのたたかい、選挙活動や党建設、財政活動など、党のあらゆる多面的な活動を促進し、統一し、発展させていく中心である」としています（平成一六年一月、第二三回党大会決議）。また、「日本の全国紙のなかで、真実を報道し、「権力を監視する」というジャーナリズム本来の使命・役割を果たしているのは「しんぶん赤旗」だけ」としています（『月刊学習』平成二一年二月号）。

さらに、平成一六年一月の第二三回党大会では、『しんぶん赤旗』の役割について、「真実を伝え、正義の世論をおこす旗」、「あたたかい人間的連帯の旗」、「たたかいの旗」、「あらゆる党活動を支える旗」の四つを示すとともに、志位委員長が、「機関紙活動を狭く党建設の一分野というだけでなく、あらゆる党活動の文字どおりの「中心」として位置づけて推進する」として、①『しんぶん赤旗』をよく読み討議する、②持続的拡大と配達・集金によって国民との結び付きを広げる、③読者を友人として大切にし協力・共同をはかる、④党財政を支えるという点でも重視することを訴えています。

第90問　日本共産党のいう〝四本柱の党活動〟とは、何ですか

日本共産党の党活動の基本方針です。その基本方針は、「大衆運動」、「党建設」、「選挙闘争」、「党防衛」の四つで、〝四本柱の党活動〟と呼ばれています。

日本共産党は、当初〝人間が二本足で歩くように、どんなときでも「大衆運動」と「党建設」（党員・機関紙の拡大等）を党活動の欠くことのできない二本の足として、しっかり踏まえて前進する必要性を訴えました。この二つの活動を共産党が〝二本足の党活動〟と呼ぶようになったのは、昭和三五年の第一回全国活動者会議からで、〝大衆運動さえやっていれば党は自然と大きくなるといった、党建設の独自の任務を否定する誤った立場との闘いを通じて、日本共産党の積極的な伝統として打ち立てられてきたもの〟としています（昭和六〇年二月二八日付け『赤旗』）。

同四〇年三月の第九回党大会二中総では、〝二本足の党活動〟に「選挙闘争」を加えて〝三本柱の党活動〟とし、さらに、同四八年一一月の第一二回党大会で「党防衛」を加え、これを〝四本柱の党活動〟としています。

一　〝二本足の党活動〟

○　大衆運動

〝職場、地域、学園で党員が大衆の利益や切実な要求を擁護し、実現するために、当面の政治的、

経済的、文化的な様々の課題の解決の先頭に立って闘い、大衆運動やその諸組織の発展を促進するもの〟としています。

○　党建設

〝支配勢力は都市や農村で緻密な国民支配の網の目を張り巡らしている上、発達したマスコミを握って反共宣伝や現体制擁護の思想を絶えず振りまいている。反動支配と闘って党への理解を広げ党を拡大強化する仕事は、意識的、系統的な努力を必要とする〟としています。

二　〝三本柱の党活動〟

〝二本足の党活動〟（「大衆闘争」、「党建設」）に「選挙闘争」を加えたものです。

昭和四〇年三月の第九回党大会二中総で、〝常に大衆闘争と党建設を切り離さずに進めるという二本足の活動を、選挙戦という特殊な闘争任務を前面に押し出しつつ貫く。大衆運動、党建設のいわゆる二本足だけでなく、これに選挙のための独自の準備活動が加わるので三本柱の活動とした〟と決定しました。

三　〝四本柱の党活動〟

〝三本柱の党活動〟（「大衆闘争」、「党建設」、「選挙闘争」）に「党防衛」を加えたものです。

昭和四八年一一月の第一二回党大会で、〝党防衛の問題は、民主連合政府樹立への道を進む上でいよいよ重大性を増してくる課題であり、党防衛を含め党建設、大衆運動、選挙の四本柱の活動と、それらの共通の土台としての宣伝を、党活動の共通のスタイルとすること〟と決議しました。

第91問　日本共産党の「財政活動の四原則」について説明してください

一　財政活動の四原則とは、①党費納入、②機関紙誌等の事業収入、③個人寄付、④節約・支出改善をいいます（平成二一年一月二四日付け『しんぶん赤旗』）。このうち、①～③について、説明します。

まず、党費については、規約第四六条で、「実収入の一パーセント」とされ、「月別、または一定期間分の前納で納入する」こととされています。実収入の一％については、所得税と住民税を差し引いた額に対する一％であり、〝所得税と住民税以外のものも差し引いた「いわゆる手取り額に対する一％」ではない〟とされています（平成元年八月一九日付け『赤旗』）。

二　日本共産党は、平成元年八月一九日付け『赤旗』で、党費納入の意義について、

○「わが党が党費をこのように重視しているのは、…綱領にもとづいて革命運動をおしすすめてゆくうえで、それに必要な物質的保障が欠くことができないものであり、党費がその根本をなすものだからである。したがって、党員が自発的に党費をおさめることは、党員としての初歩的な義務であり、革命運動の実践の第一歩である」

としています。

三　次に機関紙誌については、「機関紙活動を狭く党建設の一分野というだけでなく、あらゆる党活動の文字どおりの「中心」として位置づけて推進する」としており、①『しんぶん赤旗』をよく読

み討議する、②持続的拡大と配達・集金によって国民との結び付きを広げる、③読者を友人として大切にし協力・共同を図る、④党財政を支えるという点でも重視することを党員に訴えています（第二三回党大会「大会決議案についての中央委員会報告」）。

この機関紙誌等の事業収入は、共産党中央委員会の収入の約九割を占めています（平成二二年政治資金収支報告書）。他方、『しんぶん赤旗』読者数は、昭和五五年の「三五五万」をピークに年々減少し続け、平成二二年には「一四五万四、〇〇〇」と半数以下にまで減少しました。共産党は、〝日刊紙が今、大きな経営的困難を抱え、発行を続けることが危うくなった〟（平成二三年七月五日付け『しんぶん赤旗』）として、二三年九月から、日刊紙の月額購読料を二、九〇〇円から五〇〇円値上げし、三、四〇〇円としました。機関紙誌等の事業収入に依存する党中央の財政は、年々厳しくなっているものとみられます。

四　最後に個人寄付についてですが、全体の収入に占める割合は僅かなものの、〝国民の信頼が、共産党の財政の大きな支え〟として、これを重視しています。なお、共産党は、〝政党助成金には、憲法第一九条の「思想及び良心の自由」、憲法第二一条の「結社の自由」の侵害をもたらす重大な憲法違反がある〟として、政党助成金を受け取っていません（平成一四年二月二四日付け『しんぶん赤旗』）。これには、〝憲法違反の制度〟とする理由のほかに、万一政党助成金を受け取れば〝党への寄付が集まらなくなるおそれがある〟という理由が存在します（『月刊学習』平成一八年四月号）。ゆえに、共産党にとって、寄付の減少は、党財政への影響以上に、国民からの信頼の低下という点で大きな影響があるといえるでしょう。

第92問　日本共産党が採択した「自由と民主主義の宣言」とは何ですか

一　日本共産党は、昭和五一年七月の第一三回臨時党大会で、「自由と民主主義の宣言」（以下「宣言」という。）を採択しました。共産党は、「宣言」について、〝国民が勝ち取るべき自由には、生存の自由、市民的政治的自由、民族の自由があることを明確にし、現在から将来の社会主義日本に至るまで、三つの自由を守り、発展させるという、日本共産党の確固たる展望を明らかにしている〟と説明しています（平成元年九月三〇日付け『赤旗』）。

二　第一三回臨時党大会で、「『自由と民主主義の宣言』についての報告」を行った榊幹部会委員は、「宣言」について、〝圧倒的多数の国民の理解と共感を得ることのできるものであり、結党以来半世紀余にわたって自由と民主主義の旗を掲げ、国民と共に闘ってきた共産党のみが誇ることができる歴史的文書〟と自賛しました。ちなみに、「宣言」の具体的な内容は、政治活動の自由について、〝不法な暴力的な破壊活動を行わない限り、…保障される〟、表現の自由については、「用紙や印刷手段の自由な利用の保障などもふくめ、擁護する」などとなっています。しかしながら、こうした主張を、額面どおりに受け取っていいのでしょうか。

三　本来、共産主義者にとっては、自由や民主主義という政治上のイデオロギーは、それがいかなる階級の利益を代表し、擁護するものであるかという階級性を前提にしなければ論じ得ないものとされています。事実、かつて、チェコスロバキア共産党が、自由化を望む国民の声に応えて、〝無制限の「表現の自由」、「出版の自由」、「集会や結社の自由」〟を宣言したことについて、日本共産党は、〝ブルジョア民主主義を導入する「純粋民主主義」であり、反社会主義勢力に活動の自由を与える重大な右翼的誤り〟と非難しているのです（昭和四三年一〇月一日付け『赤旗』）

四　しかし、「宣言」を読むと、階級性について触れることなく、また、自由を語る場合の常識ともいうべき「…からの自由」、「…への自由」又は「…に対する自由」という具体的な前提条件についても明らかにされていません。しかも、日本共産党は、現在の日本とは根本的に異なる社会を目指していますが、これらの社会における自由と民主主義について、「宣言」では何ら示していません。つまり、「宣言」は、最も国民受けのする「自由」や「民主主義」という言葉を、抽象的、無規定的に繰り返すことで、「自由」や「民主主義」の持つイメージと「日本共産党」のイメージと結び付けようとした単なる〝リップ・サービス〟にすぎないといえます。

五　「宣言」は、平成八年七月の第二〇回党大会五中総で一部改定されましたが、基本的骨格は変わっていません。新「宣言」について、不破委員長（当時）は、〝総選挙で党を語る上でも、極めて重要な意味を持つ文書であり、大いに活用すること〟と述べています。

第93問　日本共産党の選挙闘争について説明してください

一　日本共産党は、なぜ、明らかに勝ち目のないと思われる選挙にも候補者を擁立するのでしょうか。それは、共産党の選挙や議会に対する考え方が、他の政党と異なるからです。

マルクス・レーニン主義には、資本主義国家の仕組みや制度を利用して、資本主義国家を打倒するという考え方があります。議会制度や選挙制度もその一つです。議会主義政党は、選挙で勝って議会活動を行うことを目的としていますが、共産主義政党にとっては、選挙や議会活動は革命の手段に過ぎず、それ自体を目的とはしていません。大衆暴力による革命を成功させるには、大多数の人民大衆を自らの側に組織しなければならないのです。国民の政治意識が高まる選挙時は、共産主義政党にとって、大衆を党の側に引き寄せるための宣伝の場、あるいは啓蒙の場として考えられているのです。さらに、得票数は、党による大衆への浸透度を計るバロメーターとして捉えられており、これにより、革命に立ち上がる時機を見誤らないようにすることができるとされています（『コミンテルン資料集』第一巻、『レーニン全集』第三〇巻、『マルクス・エンゲルス選集』第五巻上）。

二　それでは、我が国の共産主義政党である日本共産党はどうなのでしょうか。共産党の議会に対するスタンスは、「革命的議会主義（議会の革命的利用）」と言われるものであり、その趣旨は、〝議会と議会活動を大衆闘争と結び付けて重視し、革命の勝利と反動的な国家機構を根本的に変革するためにこれを活用すること〟であり、〝議会で多数を占めさえすれば、平和的に社会主義を実現できるとする「議会主義」ではない〟としています（昭和四三年八月一四日付け『赤旗』）。共産党が、どれだけ選挙や議会活動を重視しているようにみえても、やはり、「議会主義」ではないといえます。

こうした考えに立てば、共産党が、どれだけ勝ち目のない選挙であっても候補者を擁立しようとする意義がみえてきます。共産党にとって、選挙の場は、革命に向けて強大な前衛党を建設するための絶好の機会であり、党を宣伝し、党員、シンパ、機関紙読者の拡大といった党勢拡大を図る場なのです。

三　共産党は、昭和四八年以降、「四本柱の活動」として、①党建設、②大衆運動、③選挙闘争、④党防衛、の四つを党活動の柱としています。最初は、党建設と大衆運動の「二本足の党活動」（同三五年）を重視していましたが、後に、選挙闘争を加えた「三本柱の活動」（同四〇年）、党防衛を加えた「四本柱の活動」（同四八年）としてきました。選挙闘争は、党建設、大衆運動に次いで三番目に加えられたものであり、ここでも、選挙闘争より党建設や大衆運動をより重視する共産党のスタンスが見受けられます。

四　共産主義革命を目指す革命政党が、革命に向けて議会主義の制度を利用すると、その範囲内で、革命政党が議会主義政党のようにみえます。ただ、目的とするところが違うため、議会主義政党と比べたとき、違和感を持つところが往々にしてあります。共産党にとって、議会とは、革命に向け利用する対象であるということには注意しておく必要があります。

第94問　他の政党にも後援会がありますが、日本共産党の後援会について説明してください

一　日本共産党後援会は、「党と支持者が協力して選挙戦をたたかう基本的組織」であり、「選挙で、日本共産党と党の決めた候補者の支持を広げるための組織」とされています。また、共産党は、〝全ての支部が対応する単位後援会を確立し、後援会員を増やし、後援会ニュースを発行し、後援会と共に闘う態勢をつくり上げる〟として、全ての支部に対応する後援会組織の結成を呼び掛けています（『選挙活動の手引き』平成一九年版五四、五五頁）。

では、後援会づくりはどのように取り組まれているのでしょうか。共産党は、〝「支持をひろげてくれる人」などと限定せず、「支持してくれる人はだれでも後援会員に」、「政治を変えたいと思っている人は誰でも後援会員に」という立場で会員に迎えることが大事である。後援会ニュースの発行を重視して配布と対話を通じて系統的に結び付きを強める〟、〝各種選挙の選挙区、行政区、議員・候補者地域ごとに単位後援会を基礎に後援会を組織する。県人会、同窓会、町会・自治会、親戚等、候補者の個人的つながりによる「後援組織」とは区別して、支持を依頼する〟、〝大衆団体の線に沿って、また、各階層・分野、要求に沿って、それぞれの党グループ、党員が、党を支持する団体役員、幹部に呼び掛けてつくる。タテ線後援会の活動は、大衆運動の分野で我が党と結び付いている革新的・民主的エネルギーを、選挙において日本共産党への投票に結び付ける「かなめ」の役割をなす活動である。

青年分野では、民青と協力して「かえるネット」（日本共産党といっしょに日本をかえるネットワーク）を重視する〟としています（『選挙活動の手引き』平成一九年版五六〜五八頁）。

つまり、後援会組織は、共産党の支部単位で結成するだけでなく、選挙区、行政区、地域単位等で結成するほか、党を支持する団体や青年単位でも結成することとされているのです。

二　また、後援会員を増やす方法について、志位委員長は、〝高知県党組織の活動を例に、後援会員は、もっと幅広い人々を後援会に迎え入れること。そして、「共産党の後援会ニュースを読んでいただけますか」と働き掛けて、「いいですよ」と承諾してくれた人は後援会員として、継続的にニュースを配り、信頼関係を強めること〟、〝この取組は、早くからの選挙準備になるし、日常的に無理のない選挙活動となる。そして働き掛ければ働き掛けるだけ後援会員は増えるから、毎日前進できる活動である〟としています（平成一四年一二月の第二二回党大会五中総幹部会報告）。共産党は、この後援会ニュースについて、次の四つの効果があるとしています。「①党を支持し、好意的な人に、気軽に後援会に入ってもらえる。②ニュースをくりかえし届け、対話し、結びつきを広げ、確かな支持者をふやし、協力も得られるようになる。③この広がり状況と反応は、情勢をみる一つの要素となる。④選挙後も、ニュースや議会報告などを届け、党を大きくし、次の選挙の準備にもなる」（『選挙活動の手引き』平成一九年版五六頁）

このように、共産党は、後援会という〝入りやすさ〟を切り口として、選挙での躍進を企図するだけでなく、党勢拡大に結び付けようとしているのです。

第95問　現行憲法に対する日本共産党の見解を説明してください

一　日本共産党は、平成一六年一月の第二三回大会で綱領を改定し、「現行憲法の前文をふくむ全条項をまもり、とくに平和的民主的諸条項の完全実施をめざす」としました。しかし、共産党は、昭和二一年六月、天皇制の廃止、一院制国会への権力集中等から成る「人民共和国憲法」草案を独自に発表したほか、現行憲法の採決では、「我が国民の欲するような完全民主主義を実現せず、むしろ不徹底と曖昧と矛盾に満ちていると我々は考える」などの理由で反対したのです。

二　共産党は、現行憲法について、これまで「一面では平和的民主的諸条項をもっているが、他面では天皇の地位についての条項などわが党が民主主義的変革を徹底する立場から提起した「人民共和国憲法草案」の方向に反する反動的なものをのこしている」、「憲法改悪に反対し、憲法に保障された平和的民主的諸条項の完全実施を要求してたたかう」と綱領で述べるなど、現行憲法には「平和的民主的」と「反動的」の二種類の条項があるとしていました。この点につき、綱領の解釈本である『日本革命の展望』では、「現行憲法の改悪反対、憲法に保障された平和的民主的条項の完全実施は、わが党が一貫してたたかってきた要求であり、今後もたたかっていく課題である。（綱領の）草案が現行憲法について新しい叙述を加えたのは、戦後の民主革命のざ折という問題と、現行憲法の関連を戦後の政治過程のなかで位置づけ、われわれがどういう意味で現行憲法を擁護し、同時に、どういう点では手をしばられるものではないということをあきらかにするためである」と説明しています。これは、共産党の革命遂行に都合のよい「平和的民主的」条項の完全実施は要求するが、都合の悪い「反動的」条項には手を縛られないというもので、「憲法擁護」、「護憲」とは異なる考え方です。

三　また、共産党中央委員会法規対策部編集の『憲法闘争のすすめ方』（昭和四〇年一一月）では、「憲法は国家の基本法であるといっても、そもそもその国家というものが階級支配の道具ですから、憲法の性格や本質もまた、支配階級によって承認され制定された法律の一部であるわけです。したがって、憲法のさだめる国家諸機構の運営にも、支配階級が支配秩序の維持と防衛を国家の強制力（軍隊、警察、裁判所、監獄など）で保障するという階級的立場がつらぬかれていることを、はっきりさせておかなければなりません」としながらも、「一定の歴史的段階では、憲法擁護、憲法改悪阻止のたたかいは、力関係が支配階級に有利にかわることをくいとめるばかりでなく、逆に、人民の力を結集して力関係を人民に有利にかえさせるために有効であり、必要であるということです」などとして、現段階では、現行憲法を利用し、力関係を人民に有利に変えていくという方針を明示しています。

四　さらに、共産党は、昭和四八年一一月の第一二回大会で、「将来日本が独立、民主、平和、中立の道をすすみ、さらに社会主義日本に前進する過程で、日本国民の意思にもとづいて真に民主的な、独立日本にふさわしい憲法をもつ時期がくる」と報告したように、現行憲法を護るどころか、自らの革命の過程においてこれを廃棄する展望さえ抱いているのです。

第96問　天皇制に対する日本共産党の見解を説明してください

一　日本共産党は、天皇制に関し、「天皇条項については、「国政に関する権能を有しない」などの制限規定の厳格な実施を重視し、天皇の政治利用をはじめ、憲法の条項と精神からの逸脱を是正する」、「党は、一人の個人が世襲で「国民統合」の象徴となるという現制度は、民主主義および人間の平等の原則と両立するものではなく、国民主権の原則の首尾一貫した展開のためには、民主共和制の政治体制の実現をはかるべきだとの立場に立つ」などとし、廃止のスタンスを採っています（現綱領第四章第一二節）。

二　日本共産党は、党創立当時から、「君主制の廃止」を掲げ、昭和三六年採択の綱領においても、「革命の政府」が「君主制を廃止」すると規定していました。綱領の解釈本である『日本革命の展望』では、「当面する革命において民族民主主義政府が樹立されたならば…当然どのような形にせよ君主制は廃止され、人民共和国が樹立される」（二一七頁）として、天皇制を廃止することを明確にうたっています。

三　平成一六年の綱領改定では、「君主制を廃止」との文言が削除されましたが、これについて、日本共産党は、「天皇制を「容認」したとする報道が一部にみられますが、それは事実に反します」、「当面は、天皇は「国政に関する機能を有しない」（第四条）などの、憲法の規定を厳格に守らせることです」、「日本国憲法は国民主権を明記し、国民代表たる国会を通じた変革を可能とする政治制度を定めています。あらゆる進歩を阻んだ戦前の絶対主義的天皇制とは違って、天皇の制度が残ったいまの憲法のもとでも、日本共産党がめざす民主的改革は可能です」と説明し、天皇制容認の立場を改めて否定しています（平成一六年二月四日付け『しんぶん赤旗』）。

なお、不破議長（当時）は、綱領改定案を採択した第二二回党大会七中総（同一五年七月）での「提案報告」で、「現在の綱領には、「君主制の廃止」ということが、民主主義革命のなかで実行されるべき課題としてあげられています。これは、綱領を最初に決めた当時、現行憲法の枠内での改革と、憲法の改定を必要とする改革との区別が十分明確にされなかった、という問題点と結びついていたものだったと思います」と述べたとおり、民主主義革命で行う「民主的改革」を現行憲法下で行われるものとしたことで、現行憲法の改廃に伴う天皇制廃止は「民主的改革」で実行するということはできず、その先の段階での課題に整理するとしています。

四　いずれにせよ、革命が進む過程で天皇制を廃止するという日本共産党の基本的スタンスは何も変わっていません。現綱領は、「廃止」という直接的な表現こそ用いていませんが、天皇制を「民主主義及び人間の平等の原則」と両立しないものと批判し、また、〝民主共和制の政治体制（人民共和国）の実現を図る〟としていることから、結局は「当然どのような形にせよ君主制は廃止」されることになるのです。共産党は、国民の賛同を得にくい「天皇制の廃止」について、「廃止」という直接的な表現を避けることで、多数の支持を得ようとしているにすぎないのです。

第97問　日本共産党は、警察をどのようにみているのですか

一　まず、日本共産党が「理論的な基礎」としている科学的社会主義＝マルクス・レーニン主義（以下「ML主義」という。）は、警察をどのように捉えているのでしょうか。ML主義では、「常備軍と警察とは、国家権力の主要な武器である」とされています（レーニン『国家と革命』大月書店、一八頁）。この文言を理解するには、「国家」とは何かということから考える必要があります。

二　ML主義の基本的な原則に「階級国家観」があります。資本主義社会では、「支配階級」である資本家階級（ブルジョアジー）が「被支配階級」である労働者階級（プロレタリアート）を搾取し続けるという構造があり、この二つの階級は絶対に和解できないとされます（非和解性）。そこで、資本家階級がその搾取の構造を安定させるための、「支配の道具」としてつくり出したのが法律、制度、教育、文化その他総体としての「資本主義国家」であり、国家の本質は、その支配を支えるための軍隊や警察等の「暴力装置」であるとしているのです。

この考え方に立つと、警察の適法な職務執行も「暴力」となります。日本共産党は、「『暴力』ということばをせまく、武装した軍隊や警察の武器の行使だけにかぎるべきではありません。軍隊や警察の武装を裏づけにしておこなわれる、あらゆる種類の強制力として理解しなければなりません」（昭和四三年一月三〇日付け『赤旗』）と主張しています。ですから、共産党にとっては、法律に基づく

警察の適正な取締りも、「支配階級の支配体制を守る」（同『赤旗』）行為となるのです。

三　マルクス＝エンゲルス『共産党宣言』では、「共産主義者は、彼らの目的は、既存の全社会組織を暴力的に転覆することによってのみ達成できることを、公然と宣言する。支配階級をして共産主義革命のまえに戦慄せしめよ！」と、高らかに暴力革命を宣言しています（大月書店、七四、七五頁）。つまり、共産主義者にとっては、軍隊や警察を含む全社会組織を暴力で打倒する以外に目的は達せられないということになります。

四　日本共産党は、ＭＬ主義を「理論的な基礎」としていますから、「階級国家観」に立っていることは言うまでもありません。次の主張を見れば、警察に対する考え方が分かります。

○「警察は軍隊や監獄とともに国家権力の中枢であり、支配階級が人民を抑圧するための重要な機関です。だから警察と警察官にたいして幻想をもったり、容易に中立的立場にたたせうると考えたりすることはまったく正しくありません」、「警察官は、警備公安警察部門だけでなく、その全体が公安または警備情報を収集し、共産党をはじめすべての民主勢力を弾圧、破壊することをその最高任務とされ、その方針で徹底的に教育されています」、「日本共産党は、一貫して、もっとも不屈に、もっとも徹底的に、警察とたたかう」（昭和四一年一月八日付け『アカハタ』）

○「警察は「和解」できない階級対立の産物である国家権力の中枢の一つであり、直接の強制力をもった機関です。わが国の警察は警察全体が政治警察であり、たえず、日本共産党、革新勢力の抑圧をねらって活動しています」（平成七年二月二七日付け『赤旗』評論特集版）

第98問　日本共産党は、警察にどのように対応しようとしているのですか

一　マルクス・レーニン主義の「階級国家観」では、警察は「暴力装置」であり、労働者階級にとっては、真っ先に打倒すべき対象の一つということになります。日本共産党も「もっとも徹底的に、警察とたたかう」（昭和四一年一月八日付け『アカハタ』）と主張していますが、白鳥警部射殺事件のように、今直ちに暴力を用いるのではなく、硬軟交えた方法を用いているのです。例えば、適正な職務執行に「抗議」して警察活動をけん制したり、あるいは、様々な機会を捉えて警察官やその家族に接近して共産党の支持者にすることなどが考えられるでしょう。いずれにしても、共産党は、警察＝「暴力装置」という認識であることを念頭に置く必要があります。

二　日本共産党は、警察をどのような状態にしようと考えているのでしょうか。宮本顕治書記長（当時）が昭和三五年七月に中央委員会勤務員に対して行った講演内容がそれを端的に物語っています。宮本は、六〇年安保闘争で失敗した理由の一つとして、「米日支配層」が、「アメリカ帝国主義の軍隊、また、戦前の日本軍隊よりも大きな火力をもっているといわれる自衛隊、それに警察隊、こうした武装機関を完全にもっている。今日のところ、その武装機関に、民主勢力の側にたってサボタージュがおきるというような力関係はまだでていない」と述べています（『わが党のたたかった道』九四頁）。この発言は重要で、日本共産党の狙いはここにあります。すなわち、警察が日本共産党の

側に立つ、あるいはそこまで行かなくても傍観者の立場となって日本共産党の動向に関心を払わなくなるという状態にすることに最大の狙いがあります。つまり「警察の弱体化」ということです。

三　昭和四八年一一月の第一二回党大会で、日本共産党は、「国政革新についてのわが党の見解を、有権者の一員である自衛隊員や警察官に直接知らせる宣伝活動を特別に重視し、系統的にとりくむ必要がある」と決議しています。「宣伝活動」も「警察の弱体化」という観点から分析する必要があります。

例えば、日本共産党は、警察官の団結権の保障（労働組合結成）を主張しています。その主張をよくみると、その対象は、「下級警察官」や「一般警察官」であり、警察職員全体とはせずに、「上級」と「下級」という二つに分離した考え方を採っています。これはなぜでしょうか。次の主張（『月刊学習』昭和三八年四月号）から、その本当の狙いがよく分かります。

○「もし警察官が自分らの労働者としての地位にめざめて、労働者抑圧の職務からさり、逆に自分らを使役する権力に反抗するようになれば、それは現在の支配階級の抑圧機関の執行者たることを放棄し、警察官たることをやめ、労働者、人民の側につくことを意味します。これは、資本主義社会における警察官たる役割の否定です」、「警察官の労働組合が、かれらの経済的要求のかくとくのためにだけにある、すなわち経済闘争の組織にとどまらず、政治闘争をおこなうようになるならば、これは、まえにいったように、労働者人民の側にたつ方向もでてくるということがいえましょう」

労働組合の結成は、警察官の勤労条件の改善等ではなく、警察官に政治闘争をさせてその執行力を弱体化させることに狙いがあるといえるのです。

第99問　「警察の弱体化」のために、具体的にどのような「宣伝活動」を行っているのですか

『しんぶん赤旗』等日本共産党の機関紙誌には、警察組織の上下離間、警備公安警察の孤立化、警察と国民の離間、治安関係法令の形骸化等を狙っているとみられる〝訴え〟が繰り返し掲載されています。その一部について見てみましょう。

一　警察組織の上下離間を狙っているとみられるものとして、〝日本共産党は、…警察に対して次のような方針を持っている。…第三に、特権官僚制度を廃止し、一般警察官に団結権を保障し、待遇改善を要求する〟（昭和四〇年一〇月二五日付け『アカハタ』）、〝少数の特権官僚（キャリア）の保身と出世が優先され、キャリアの支配と階級制度の下で、上司への絶対服従が要求される。事態解決のためには、警察組織の在り方を抜本的に変え、警察官労働組合を認めることが求められる〟（平成一一年一一月二五日付け『しんぶん赤旗』）などの訴えがあり、あたかも共産党が〝一般警察官〟の理解者であるかのようにアピールしています。

二　警備公安警察の孤立化を狙っているとみられるものとして、〝警察運営がひどくゆがんでいる原因は、何よりも最高幹部が警備公安警察を最優先にしているからである。公安警察が湯水のように金をつぎ込むことで、捜査費の不足に悩むような実情では、国民の生命と安全を守る警察にはなれない〟（昭和五〇年四月七日付け『赤旗』号外）、〝警察組織の中で警備公安部門が大きな力を持ち、交

番の「おまわりさん」を始め全警察官が民主勢力のスパイ活動を任務付けられている〃（平成一〇年二月二三日付け『しんぶん赤旗』）などの訴えがあり、警備公安警察の孤立化、廃止を目論んでいます。

三　警察と国民の離間を狙っているとみられるものとして、〃政治活動に対し、「戸別訪問禁止」等を口実にした干渉も強化されている。職務質問に名を借りた職権乱用も後を絶たない。警察が共産党を狙い撃ちに選挙干渉、弾圧を繰り返すのは、日本の警察が世界に例のない中央集権的な政治警察として、政府、自民党、財界の私兵となっているからである〃（昭和六一年六月二三日付け『赤旗』）などの訴えがあり、国民・世論を味方に付けようとしています。

四　治安関係法令の形骸化を狙っているとみられるものとして、〃日本共産党は、破防法、公安条例を始め全ての弾圧法令の廃止を要求する〃（昭和四三年六月八日付け『赤旗』）、〃日本共産党は、軽犯罪法等を乱用した警察の不当弾圧に厳しく抗議し、国民の言論、結社、表現の自由を守るために奮闘している〃（昭和六一年四月一七日付け『赤旗』）などの訴えがあり、革命勢力が行う各種違法行為に対する取締りができないようにしようとしています。

警察を「暴力装置」と位置付ける日本共産党は、革命の障害となる警察の弱体化等を常に狙っており、事実に基づかない「宣伝活動」に取り組んでいますが、これも、革命、又は革命の準備の一環として、組織的、計画的に行われていることを忘れてはいけません。

第100問　日本共産党には、非公然党員がいるのですか

一　日本共産党は、平成一六年一二月四日付け『しんぶん赤旗』で、「非公然の党員がいるの?」との読者の質問に対し、「国民には、プライバシー権があり、内心の自由は保護されなければなりません。どんな政党、宗教、NPO団体等に所属している人でも、それを公言するかしないかはその人の自由です。それを「秘密」よばわりするのはあたりません」と、党籍を公にしない党員がいることを自認しています。

二　日本共産党は、非公然活動が必要であることを繰り返し、党員に訴えています。次の内容を読むと、革命政党としての性格がよく分かるでしょう。

(1)『共産党員の基礎知識』(日本共産党中央委員会宣伝教育文化部編、昭和四一年一二月)

「革命闘争は、まさに生きるか死ぬかのたたかいなのです。支配者たちは、革命の力が大きくなるのを絶対にだまってゆるすものではありません。とりわけ、その指導力であり中核である共産党にたいしては、ありとあらゆる方法で、狂暴な反撃、弾圧をつよめてきます。かれらは、「法律」の名の下に共産党の活動をあらゆる形で制限して党と人民との結びつきがつよまるのを妨げます」

「このような敵と対決しているのですから、共産党は、人民大衆とは政策やたたかいの面で公然とむすびついて活動するのは当然ですが、しかし、敵にたいしては、非公然の活動をもたないわけには

ゆきません。また、敵によって活動が制限されても、非合法化されても、党の任務と活動をだんことしてすすめなければなりません。敵の巧妙さに数倍する巧妙さをもって、党の活動をしなければ革命をやりとげることはできないのです」

(2)　若林虎之助組織部長「党組織指導上の若干の問題について」(昭和四二年九月一四日付け『赤旗』)

「露出している組織と党員、露出していない組織と党員の活動が一律的になって、党組織や党員の露出を不必要に大きくしている傾向が、依然としてみられます」

(3)　「公然活動と党組織の防衛」(昭和三六年六月三日付け『アカハタ』)

「一人の犠牲も一部の破壊も許さないように、慎重で必要な非公然活動をともなった態度と活動方法を忘れてはならない」

「党は全体として、集団としてはあくまで公然たる活動をつらぬきますが、反面、職種や職場によって、あるいは政党活動や政治活動の自由が奪われている場合、また敵の不法な挑発にそなえて組織の多くの部分を露出することの不利な場合など、党の本来の使命からいって、革命の根拠地である重要な経営、職場に不滅の党組織を建設するために、いろいろな事態にそなえてまだまだ党組織の全体を敵の前に露出することはできない」

「すべての党員、すべての党組織に公然とした党生活と党活動を画一的にもとめるような指導方法や態度はよいことではありません。それは党の露出となり、無警戒、無防備におちいることになり、一時的には成果があがっても、結局は挑発と破壊をまねくことになるからです」

第101問　日本共産党の勢力の推移と国政選挙結果について教えてください

日本共産党は、党員数約三二万人を擁し、また、国政選挙で五〇〇万票前後の得票力を有する底堅さを持っています。次表のとおり、最近の国政選挙では苦戦が続いていますが、これをもって共産党の勢力が衰えたとみるべきではありません。

日本共産党の勢力の推移（抄）

年月日	党大会等	党員数	機関紙読者数
大正11.7.15	創立大会	100人余り	——
昭和20.12.1	第4回	1,813人	——
昭和21.2.24	第5回	6,847人	20数万
昭和36.7.25	第8回	8万8,000人	34万4,000
昭和55.2.26	第15回	43万4,000人	355万（※）
昭和62.11.25	第18回	48万4,000人（※）	317万5,000
平成22.1.13	第25回	40万6,000人	145万4,000
平成24.5.24	全国活動者会議	31万8,000人	——

（注）※＝過去最大

日本共産党の国政選挙結果（衆院選）

執行年月日	回数	当選者数	得票数	得票率(%)
昭和21.4.10	第22回	5人	213万5,757	3.80
昭和22.4.25	第23回	4人	100万2,903	3.70
昭和24.1.23	第24回	35人	298万4,780	9.70
昭和27.10.1	第25回	0人	89万6,765	2.60
昭和28.4.19	第26回	1人	65万5,990	1.90
昭和30.2.27	第27回	2人	73万3,121	2.00
昭和33.5.22	第28回	1人	101万2,035	2.60
昭和35.11.20	第29回	3人	115万6,723	2.93
昭和38.11.21	第30回	5人	164万6,477	4.01
昭和42.1.29	第31回	5人	219万563	4.76
昭和44.12.27	第32回	14人	319万9,031	6.81
昭和47.12.10	第33回	38人	549万6,827	10.49
昭和51.12.5	第34回	17人	587万8,192	10.38
昭和54.10.7	第35回	39人	562万5,527	10.42
昭和55.6.22	第36回	29人	580万3,613	9.83
昭和58.12.18	第37回	26人	530万2,485	9.34
昭和61.7.6	第38回	26人	531万3,246	8.79
平成2.2.18	第39回	16人	522万6,986	7.96
平成5.7.18	第40回	15人	483万4,587	7.70
平成8.10.20	第41回	小選挙区2 比例代表24	709万6,765 726万8,743	12.55 13.08
平成12.6.25	第42回	小選挙区0 比例代表20	735万2,843 671万9,016	12.08 11.23
平成15.11.9	第43回	小選挙区0 比例代表9	483万7,952 458万6,172	8.13 7.76
平成17.9.11	第44回	小選挙区0 比例代表9	493万7,375 491万9,187	7.25 7.25
平成21.8.30	第45回	小選挙区0 比例代表9	297万8,354 494万3,886	4.22 7.03

日本共産党の国政選挙結果（参院選）

執行年月日	回数	当選者数	得票数	得票率(%)
昭和 22.4.20	第 1 回	全国区 3人 地方区 1人	61万948 82万5,304	2.90 3.80
昭和 25.4.4	第 2 回	全国区 2人 地方区 0人	133万3,872 163万7,451	4.80 5.70
昭和 28.4.24	第 3 回	全国区 0人 地方区 0人	29万3,877 26万4,729	1.10 0.90
昭和 31.7.8	第 4 回	全国区 1人 地方区 1人	59万9,253 114万9,009	2.10 3.90
昭和 34.6.2	第 5 回	全国区 1人 地方区 0人	55万1,915 99万9,255	1.90 3.30
昭和 37.7.1	第 6 回	全国区 2人 地方区 1人	112万3,946 176万257	3.10 4.80
昭和 40.7.4	第 7 回	全国区 2人 地方区 1人	165万2,363 260万8,771	4.40 6.90
昭和 43.7.7	第 8 回	全国区 3人 地方区 1人	214万6,878 357万7,179	5.00 8.30
昭和 46.6.27	第 9 回	全国区 5人 地方区 1人	321万9,306 487万8,570	8.10 12.10
昭和 49.7.7	第 10 回	全国区 8人 地方区 5人	493万1,649 642万8,919	9.40 12.00
昭和 52.7.10	第 11 回	全国区 3人 地方区 2人	426万49 515万9,141	8.40 10.00
昭和 55.6.22	第 12 回	全国区 3人 地方区 4人	407万2,019 665万2,310	7.30 11.70
昭和 58.6.26	第 13 回	比例代表 5人 選挙区 2人	416万3,877 485万9,333	8.90 10.50
昭和 61.7.6	第 14 回	比例代表 5人 選挙区 4人	543万838 661万7,486	9.50 11.40
平成元.7.23	第 15 回	比例代表 4人 選挙区 1人	395万4,408 501万2,424	7.04 8.81
平成 4.7.26	第 16 回	比例代表 4人 選挙区 2人	353万2,956 481万7,001	7.86 10.61
平成 7.7.23	第 17 回	比例代表 5人 選挙区 3人	387万3,955 431万4,830	9.53 10.38
平成 10.7.12	第 18 回	比例代表 8人 選挙区 7人	819万5,078 875万8,759	14.60 15.66
平成 13.7.29	第 19 回	比例代表 4人 選挙区 1人	432万9,210 536万2,958	7.91 9.87
平成 16.7.11	第 20 回	比例代表 4人 選挙区 0人	436万2,573 552万141	7.80 9.84
平成 19.7.29	第 21 回	比例代表 3人 選挙区 0人	440万7,932 516万4,572	7.48 8.70
平成 22.7.11	第 22 回	比例代表 3人 選挙区 0人	356万3,556 425万6,400	6.10 7.29

新・日本共産党101問

用語索引

新・日本共産党101問

平成24年11月20日　第１刷発行
令和３年３月20日　第４刷発行

著　者　治安問題研究会
発行者　橘　　英　明
発行所　立　花　書　房
東京都千代田区神田小川町 3-28-2
電話　03-3291-1561(代表)
FAX　03-3233-2871
http://tachibanashobo.co.jp

昭和63年８月20日　初版発行
平成10年　１月20日　補訂発行
平成11年９月10日　補訂第２版発行
平成14年10月15日　補訂第３版発行
平成16年６月15日　補訂第４版発行

倉敷印刷／和光堂